# ビジネス脳を磨く

小阪裕司

日経プレミアシリーズ

# プロローグ——社会は変わった。ではあなたは？

私の知人の話だ。

その女性は最近、買い物代行をよく頼む。買い物代行とは、買ってほしいものを指定して代行費用を払い、買っておいてもらうサービスだ。なぜかと訊くと、買い物に時間と労力を使うのが惜しいのだという。最近ある家電品を買ったときは、ネットを駆使して一番安い店を探していた。買い物は合理的に、と彼女はいう。ではそんなに時間や労力やお金を節約して、いったい何に費やしているのと訊ねると、意外な答えが返ってきた。

「最近はまっている店があって、いつもそこへ行ってるの。今年はその店でだいぶお金を使っちゃったかな」

なんだ！　結局買い物には行ってるじゃないか、ということだが、「買い物はどうもね……」という彼女にとって、それとこれとはまったく「別」なのだそうだ。

長らく人は合理的な買い物だけをすると信じられてきた。経済学の多くもそれが基盤となってきた。しかし、彼女の行動は明らかに違う。

私はこういう現実に出くわすたびに思う。

新しい社会が来たのだと。


本書では、すでに到来したこの新しい社会に通用する「ビジネス脳」の磨き方をお話しようと思う。

ただ本書はいわゆる「脳はこう鍛えよう」という類の本ではない。ビジネス社会で通用する脳を磨くということは、周りのビジネス環境の変化と無縁ではない。同じ「走る」ということでも、それがマラソンか短距離かによって使う筋肉も身につけるべき走法も異なるように。

また、「脳を磨く」とは「鍛える」こととは少し違う。知るべきことを知り、やるべきことをやることで、自動的に磨かれ、気づけば成長している、そういうものである。

したがって本書は「脳トレ」の話ではなく、今のビジネスの現場でどんどん起こりはじめている新しい社会ならではのことや、それに呼応したビジネス現場、経済界、学術界、教育界の動きをふまえながら、あなたの仕事がどうすればこれからの社会に通用し、しかもあなたにとってやりがいのあるものになりうるのかに焦点を当てて語っていきたい。

しかしこう唐突に始めると、そもそも新しい社会とは何か、ビジネス脳とは何なのかと疑問に感じる方もいるだろうが、それについては本書でおいおい語っていくとして、まず最初に本書を書こうと思った理由を少し語ろう。

最近の、私の講演でのことだ。

私の旧知の人が、その講演に会社の同僚・Aさんを連れてきた。そこで私は普段から提唱するビジネス論を語り、終盤はさまざまな具体例をスライドショーで見せながら講演を終えた。事例の中には、店頭でPOP（店頭販促物）をこう書き換えたら売り上げが劇的に伸びた話などが盛り込まれていた。

講演後、知人がAさんに訊ねた。

「今日の講演どうだった？」

すると彼は満足げに「よかったよ！」といった。

そこまではいい。私も嬉しい。しかし問題はその後だ。Aさんはこう言葉を続けたのである。

「要は、『これからは手書きのＰＯＰが効く！』ということだよね。ああいうの今、流行ってるよね！」

確かに終盤の事例に出てきたＰＯＰはみな手書きだった。しかし私がいいたいことは「手書きのＰＯＰが効く」ということではないし、そうとられないように気をつけて、というか「そうとらないでくださいね」と実際に壇上で語りながら講演したのだが、このＡさんの反応には知人もまいったらしい。

しかしながら手書きＰＯＰの事例を見た後、そこで決め手は手書きＰＯＰだと思ってしまうのも、実は無理もない。以前はそういう見方で正しかったのだ。ただ現在の社会では違ってしまっただけである。

## 社会の変化とさまざまな動き

社会は変わってしまった、あなたもそう感じていないだろうか。あるいはあなたにとっては今のほうがずっと自然で、むしろ周りとのギャップにとまどっているかもしれない。

いずれにしてもこの変化は多くの分野の方々が感じている。そして大変興味深いことに、同じようなヴィジョンを持ち、それぞれ新たな社会に同期した動きをとり始めている。

まずビジネス界の人たちだ。私が直接知っているだけでも、上場企業から個人商店まで、メーカーから小売・サービス業まで、東京の会社から地方の小さな町の店まで、多種多様な人々の中にそういう人が増えている。その中には、ビジネスパーソンを支援する立場の商工会議所などにお勤めの人や、政策立案側である経済産業省の方々なども多く含まれる。

また学術界も同様な気づきにいい意味で揺れている。私も日本感性工学会をメインに、情報学系や経営学系などいくつかの学会に活動の場を広げ、さまざまな分野の教授、准教授、研究者、学生たちと交流している。その中で感じることだが、かつては同じ席に並ぶこともなかった分野の方々が集い、協働した研究が進みはじめており、この潮流は明らかに強くなっている。教育界もそれに連動して、大学のあり方も変わろうとしているし、新たな学習法も模索されている。

私もこのような多岐にわたる分野の方々と接する中で、日々社会の変化を実感しているわけだが、その実感とは、単に「変化している」実感ではなく、ある方向へ変化していることの実感である。

そこで問題だ。

社会はある方向へ大きく変わりつつある。だが、なかなかその変化に対応できていない人も少なくないようだ。あちこちでさまざまな人に会い、それぞれの現場で起こる出来事の裏話までつぶさに聞く機会に恵まれた私の実感としては、そのギャップは年々大きくなっているが、あなたはそう感じないだろうか。

変化が急激で大きいゆえに、少なからぬビジネスパーソンがついていけなくなりつつある。そのままでは仕事がなくなってしまうかもしれない。

「仕事がなくなる」と聞くとどのようなイメージが浮かぶだろう。勤め先で肩をたたかれるケースもあるだろうし、勤め先そのものがなくなってしまうこともあるだろう。

経営者にとってはお客さんがいなくなることだ。消費者や顧客に見放されてしまったら仕事は必然的になくなる。このほかにも売り上げが激減する、利益が出なくなるなど、いろいろな事態が考えられる。いずれも仕事がなくなることを意味している。

では、どうすれば仕事がなくならずに済むのか。新しい社会ではどのようなビジネス脳が必要とされるのか。このことをあなたと実感を伴って分かち合うために、本書という機会を作った。

## 本書で語られること

本書は主に三つの点から語られる。

まずは、われわれが仕事をしているこの社会がどういう社会かという点だ。この新しいビジネス社会をどう見て、その中でどうふるまう必要があるか。それを第一章と第二章でお話する。

次に、そこで決め手となるものについてである。第三章ではそのキーワードを中心に解説し、第四章ではこういう社会での仕事にあたって「変わるべきもの」と「変わってはいけないもの」という本質的なことについてお話したい。

三つ目として、ではわれわれ自身、どういうことを心がけ、日々自らをどう磨いていけばいいのかについてである。そこで第五章では、自分でできる自分を磨く方法の重要な点を、第六章ではこういう時代に合った、自分を飛躍的に伸ばす新たな学びの方法についてお話することにしよう。

それから、本書には読み方のコツがある。最初にそれもお伝えしておこう。

本書はいわゆるビジネスに関する本だが、企業戦略なるものを紹介するわけではない。本書の焦点はあくまでも一人ひとりが仕事の現場でどうすればいいかである。そういう意味で、できるだけ企業戦略のような話ではなく、「現場でどういうことをやったら、どういう結果が出たか」という事例を取り上げた。あまり高尚な話はないが、そこにこそ注目してほしい。

また本書では、大きな会社のものから小さな店のものまで取り交ぜて事例がしばしば出てくるが、その際に、「あ、これは大きな会社のことだから関係ないな」とか「こんな小さな店の例では参考にならないな」とは思わないでほしい。また他業種の事例が出てきたときに読み飛ばすのもやめたほうがいい。そうした情報の取り方をする人は少なくないが、それこそが今日の問題であることも本書を読み進んでいくうちにわかってもらえるだろう。

もう一つ、本書では私が親しくお付き合いさせていただいているさまざまな分野の研究者の先端的な研究知見や、実務者らの現場での知見が活かされている。しかしそれぞれについて専門的に論じることはしない。もし読者諸氏が本書の背景となっている研究知見や議論に関心を持たれたなら、それらについて書かれた本を読んでみてそれぞれに深い世界にも触れてみてほしい。

あなたが日々の仕事を通じて、少し変だな、なんだか今までと違っているなと感じていたら安心してほしい。あなたは時代の風を感じているのだ。

そして世界は変わろうとしている。

その動きは、今こうして扉を開いたあなたと、シンクロしているのである。

# 目次

プロローグ

第一章　ナスの細胞には確かに水があるけれど――「フレーム」を知る……17

ライバルが売り上げを五倍にしたら／「本当のことを教えて下さいよ」

人工知能の限界／私たちにもフレームはあるか／工業社会のフレーム

予測が成り立たない世界／情報化の波の果てに

道具が思考を規定する／工業社会から新しい社会へ

感性とは人の高次情報処理機能／ただの「オムレツ」はもう成り立たない

第二章　こぶとりじいさんのこぶはもらわない――プロセスに目を向ける……49

昔話に学ぶ／私もかつてそうだった／単一の解がない

今日通用しても、明日は通用しない／真似しても使えない
思考のプロセスに目を向ける／感性社会のふるまい方

第三章　価格ではない。付加価値でもない——感性情報をデザインする……77
ショッカー幹部パーティーワインセット／「シャア」ではなく「兜甲児」なら……
情報と感性のしわざ／すべてのビジネスは情報を扱っている
あなたのビジネスは感性産業か／経産省が掲げる「感性価値創造」
感性情報をデザインする／「お客さんの感性に訴える」が問われる

第四章　花見はなぜ飽きないのか——人の感性は進化する……105
映画のＤＶＤが売れるクリーニング店／花見と『キャッツ』の共通点
感性は絶え間なく変化する／感性教育／ビジネスの本質的な変化
ヴィレッジ・ヴァンガードはどこがすごいのか／感性社会で問われるものは
「道」の探し方／それは誰でもできること

第五章　誰の目の前にもリンゴは落ちている――現象・データから何を読み取るか……141

どんなへアサロンが入りやすいのか／レストランのBGM実験
売れないのは商品が悪いから？／感性工学をどうビジネスに活かすか
異様な出来事に目を向ける／いかに引き出しを増やすか／価値を伝達する
「外化」で成長する／ときに立ち止まり、よく見る／コンピューターはぶっ飛べない
フレームを基盤に行動する／そしてあなたは匠になる

第六章　パリにも、江戸にも、きっとあった――自分を伸ばしてくれる場……175

古今東西にある学び舎／ティーチングの限界／仲間とともに学ぶ
対話のメリット／たとえライバルであっても／思考のプロセスを普及させる
すべての根っこは「道」

エピローグ　198
参考文献　203

# 第一章

## ナスの細胞には確かに水があるけれど

### 「フレーム」を知る

## ライバルが売り上げを五倍にしたら

「うんちどっさり」

あなたが製薬会社の営業担当だとして、こう大きく書かれたPOPがライバル会社のヒット商品の売り場につけられていたら、どう思うだろうか。しかもあなたの業績を脅かすその商品が、ものすごい勢いで売り上げを伸ばしているとしたら。

ゼリア新薬工業という製薬メーカーに、便秘薬「ウィズワン」という商品がある。近年のヒット商品だ。ここ数年は年間約十五億円を売り上げ、市場に確固たるシェアを築いている。近年のヒット商品とはいえ、実はウィズワンが発売されたのは一九八八年である。当初は泣かず飛ばずで、売り上げも年間三億円どまりだった。そんな状態がおよそ十年間続いていた。

そんなあるとき、売り上げが急激に伸び始めた。そしてたった四年で売上額は十五億円に達した。ある地域では、抜かれることはないと思われた業界トップのブランド商品を抜いて売り上げ一位にも躍り出た。

十年以上も三億どまりだった商品がいきなりヒット商品に成長したのだから誰でも驚く。当の社内でもあきらめムードだったものが、発売後十年を経ていきなりがんと伸びたのだ。しかもその間、商品の成分もスペックも、パッケージも価格も変えず、大規模なCM広告などを行ったわけでもなかったのにである。ライバルメーカーも目を白黒させたのではないだろうか。これは何事だということになる。

そこであなたに先ほどの問いを投げかけたい。ライバルの商品が急激な伸びを示す。内心おだやかではいられないだろう。

そこでいったいどんな売り方をしているのか売り場へ行ってみると、便秘薬のコーナーにそれまで見たこともなかった大きなPOPがある。そしてそこには便器に腰かけた女の子のイラストとともに大きな文字でこう書かれている。

「うんちどっさり」

そこであなたは何を感じ、どう考え、何を参考にして、自分の営業活動に活かすだろうか。

**「本当のことを教えて下さいよ」**

では、こういうエピソードはどうだろう。

寝具店は衰退業種といわれるが、私の知るある店はずっと業績が堅調だ。かけ布団や敷き布団を業界で「重寝具」と呼ぶ。この店では、重寝具の客単価が業界平均の約四倍。ちょっとありえない数字だ。某地方都市の中心部から車で約三十分、田んぼの真ん中にぽつんと立った瀟洒な、しかし小さな店である。

しかも近年、巨大なショッピングモールが近くに出店した。レジャー施設も入居する大型店舗である。そんな強敵が出現したにもかかわらず売り上げが落ちることもない。

同店の好調ぶりは業界で注目を集め、同業者たちが視察に来る。ときにはバスを仕立てて乗り込んでくる会社もあるらしい。

あなたがもし同業者だったら、あなたはそこで何を見て帰ろうとするだろうか。

この店の店主によると、ほとんどの人が売っている商品や商品構成をチェックするそうだ。そうする側から見れば、なるほどこういう商品を仕入れたら売れるのだな、という思いであろう。

この店では確かに同業者がなかなか上手に売ることのできない商品を売っている。価格が高いため他店ではあまり取り扱っていないものだが、こういう商品をメモして帰る視察者が多いのである。

寝具メーカーから、こう耳打ちされたこともあったという。

「前にA社が視察に行ったでしょう」

「どうしてわかるんですか？」

「その会社から、突然、御社で売っている商品の注文がどっと入りましたよ」

もう一つ。私の友人に学習塾の経営者がいる。知り合ったころは数教室だったものが、数年で百教室以上に拡大した。

ご存知の通り、塾業界は競争が激化している。少子化うんぬんで厳しい業界といわれているが、彼の塾は順調に伸びてきた。そうすると、やはり同業者が視察にやって来る。

「どんなことをおやりになっているのか、差し支えない範囲で結構ですので教えていただけませんでしょうか」

視察に来たのは遠方の県にある学習塾だった。生徒がどんどん減って経営が苦しくなっているという。ヒントを得るためやって来たのだった。

彼は自分たちが取り組んでいることを、包み隠さず教えようとした。

「これが最初にやったことで、重要なことの一つです」

まず取り出したものはバッジである。最初の取り組みの一つはオリジナルバッジを作り、生徒に配ることだった。そこから成長が始まり、さまざまな手法が生まれ、百教室のチェーンへと拡大したのだ。そのバッジにどんな意味があるのか、いかなる考えに基づいているのか、ていねいに解説した。

あなたが同業者でもしその場にいたら、その社長の話をどう感じるだろうか。

彼がひとしきり説明すると、先方の経営者が口を開いた。そしてこう言った。

「社長、本当のことを教えてくださいよ」

これが「ナスの細胞には確かに水がある」ということだ。

では、今までの話のどこがナスの細胞とつながるのか。そこをこれからお話したい。

## 人工知能の限界

人工知能の世界には困難な命題がある。コンピューターは人間のようになれるだろうかというテーマだ。これに関して、この世界では有名な小話がある。暑い日に帰宅した人がメイド型ロボットを使役するという設定だ。

主人が帰宅した。のどが渇いていたため、メイドロボットにこう訊ねた。

「冷蔵庫の中に水はないかね」

すると、彼女はこう答えた。

「あります。ナスの細胞の中に」

……。

確かにナスの細胞の中には水分が含まれている。この答えは間違いではないし、会話としても成立している。おそらくミネラルウォーターが切れていたのだろう。彼女は冷蔵庫の中にはほかにも$H_2O$があることを正確に報告した。しかし、それでは主人の要求には応えていない。

人間であればもっとずっとましな答え方をする。

「水はありませんがビールならあります」

「今ちょっと切らしていますが、買ってきましょうか」

このように、人は文脈を読んで臨機応変に対応しようとする。

メイド型ロボットは、なぜこうした答えが出せないのか。それはこのような形式の回答しかできないプログラミングになっているからだ。

これを人工知能の世界では「フレーム問題」という。

フレーム問題とは、「コンピュータに文脈や状況を理解させ、コンピュータが状況に応じて適切な回答を出力したり、すばやく行動を起こしたりするためには、具体的にいかなる問題を解かなければならないかを示すもの」だ（西垣通『こころの情報学』）。

これが先ほどの例のようになかなかうまくいかない。「人工知能は人間と違って厄介だね」

というオチなのだが、このフレーム問題、人工知能の最大の壁の一つとされていて、解決が非常に困難なのである。

## 私たちにもフレームはあるか

「フレーム」という言葉を聞いてピンとくるだろうか。

私もフレームという言葉をよく使う。私の使う「フレーム」とは思考の枠組みのことで、このフレーム問題の「フレーム」とニュアンスは同じだ。

例を挙げよう。照明の光がすべてドラえもんの顔の形に見える面白いメガネがある。夜にそのメガネをかけて道路の対向車線を見ると、向こうから近づいてくる車のライトはすべてドラえもん型に光っている。すごくシュールな光景だ。

しかし、もし生まれてからずっとそのメガネをかけていて、一度もはずしたことがない人がいたとしたら、夜の街はいつもドラえもん型の光で彩られているものだと思い、シュールだと感じることも、不思議に思うこともないだろう。

ここでいう「夜の街の明かりはすべてドラえもんである」という信念、思考の基盤、ある特定の見方を「フレーム」という。

では、フレームがどういう問題を引き起こすのだろうか。そこで、またまた人工知能の世界でよく知られた小話に触れたい。「コグニティヴ・ホイール　人工知能におけるフレーム問題」(『現代思想』一五巻五号、一九八七年)の中でダニエル・デネットによって考案された寓話である。その要点を紹介しよう。

電池で動くロボットがいた。このロボットの大切な予備電池がある部屋に、時限爆弾が仕掛けられた。

ロボットは予備電池を取り出すべく部屋に入った。

電池を探すと、部屋の中の一台のワゴンの上に置かれている。幸いなことにロボットは「電池がワゴンの上に置いてある」ことを理解し、さらに「ワゴンは動かすことができる」ということも知っていた。彼はワゴンを押し、時限装置が発火する前に部屋を出た。ところが爆発が起き、ロボットは粉々になってしまった。

なぜか。

実はそのワゴンには、電池とともに爆弾も載っていたのだ。

彼も爆弾が載っていることはわかっていたが、「爆弾を除けないと一緒に運び出してしまう」と理解するフレームがないため、こうなってしまったのであった。

そこで研究者は新たなロボットを開発する。今度は自分が意図したこと（ワゴンを押せば載っている電池は部屋の外に出せる）だけでなく、それによって副次的に起こってしまう結果（しかし一緒に載っている爆弾も部屋の外へ出てしまう）もちゃんと考えよというフレームを与えた。

ロボットは同じ部屋へ電池を取りに行った。今度もワゴンの上に時限爆弾が置かれている。彼はさっそく考え始めた。「ワゴンを押しても床は抜けないだろうか？」「ワゴンを押しても窓の大きさに変化はないだろうか？」。副次的な出来事を片っぱしから考えているうちに、また爆発が起きた。時間切れである。

次なるロボットではこの点に改良が加えられた。副次的に起こる出来事を考えるとき、当面の目標について関係あるものとないものを区別し、関係ないものは無視せよというフレームを与えた。

今度は部屋の前で、彼は関係あるものとないものを考え始めた。「ワゴンを押すことは、春に桜が咲くことと関係があるか？」「ワゴンを押すことは、為替の変動と関係があるか？」「ワゴンを押すことは……」。また爆発が起こった。

ナンセンスな笑い話だが、人工知能の限界をうまく表現しているといわれる。

人はある状況のもとで、ごく自然に問題を「構成」して、今問題となっている注目すべきことは何なのかを一瞬にして選びとり、そして行動を起こすことによってその問題がいかにして解決されるかを直感的にすばやく「判断」するのだが、コンピューターにはなかなかそれをさせることができない。人工知能の開発にはかように厄介な壁があるが、人間はその点うまくやれるということになっている。

しかし、本当にそうだろうか。はたして人間はこのフレーム問題に無縁だろうか。「水はあるか」と聞かれて「ナスの細胞の中にはある」と答えるようなフレームで物事をとらえていることはないのだろうか。電池を救い出す一方で、爆弾も一緒に運び出してしまうような行動を本当に行っていないのだろうか。

そこが今日のビジネス社会における最初の、かつ最大の問題だ。

多くの人たちは旧いフレームから世界を見ている可能性がある。

旧いフレーム――それは「工業社会のフレーム」である。

## 工業社会のフレーム

ではここで、「工業社会」の成り立ちについて少し見ておきたい。成り立ちを見ることで、私たちの工業社会フレームがどのようにできてきたかを知ることができ、それが今日の課題解決につながるからである。

工業社会以前には「前工業社会」があった。手工業が中心で、職人の世界だ。そして、いわゆる産業革命があり、多くの画期的な発明がなされた。

代表的なものが蒸気機関で、蒸気によってピストンが生み出す往復運動を円運動に変換する機構が発明された。この蒸気機関が列車や自動車の発明につながった。ピストンの往復運動を円運動に変換したり、円運動を往復運動に変換したりする仕組みは発電システムの開発にも大いに役立った。この発明のおかげで工場が発展し、工業社会の訪れは加速していった。

改めて論じるまでもないが、工業社会の顕著な特徴の一つは、高品質かつ均質なものが大量に生み出せるようになったことである。工業社会の到来は大量生産社会の到来でもあった。

そして、工業社会が幕を開けたことによって大量消費が生まれた。このことがどれほど人の生活に影響を与えたか計り知れないものがある。それ以前に大量消費はありえなかったのだ。ゆえに大量流通の必要もなかった。工業社会以前は、何もかもが現代とはまったく違う社会だったのである。

こうした理解は現代から振り返ってのものである。当時の人々が「工業社会が幕を開けて大量消費が始まった」と意識していたかどうかはなんともいえない。タイムマシンでもあればぜひインタビューしてみたいものだが、時代の大きな変化をいち早く嗅ぎ取る勘のいい商売人たちは、儲かりそうだいけそうだと思い、あるいはなんとなくダイナミックな変化にワクワクして、動いたのではないだろうか。

アルフレッド・ブシコーもそんな一人である。今日のデパートのビジネスモデルを発明したといわれる天才商人で、フランスの百貨店「ボン・マルシェ」を舞台に画期的な販売手法を用いて大量消費の時代に先鞭をつけた。

鹿島茂著『デパートを発明した夫婦』によれば、薄利多売もバーゲンセールも、ショーウインドウもテーマを決めた催し物も、現代の大量販売型の小売業が当たり前のように行っていることのほとんどは、ブシコーによって発明されたとされる。

その売り方の前提となるものは大量消費であり、さらにその前提となるのは大量生産であった。

素材にしても製品にしても、それまでは腕のいい職人が限られた数量しか作れなかったものが、まったく同じものではないにせよ高品質で大量に作られはじめ、ボン・マルシェにはそうした製品がところ狭しと陳列されたのである。

王侯貴族の持ち物であった白い手袋が、白いショールが、まさに当時の消費者の目の前に出現した。しかも、ちょっと頑張れば手の届く価格で。

これが当時の人々にとっていかに驚くべきことだったろう。このことが人々の人生を大きく変えたであろうことは想像に難くない。

そうした社会の進む方向を力強く支えるビジネス――高品質な製品をいかに均質に、いかに効率よく大量に生産するか。そして、それをいかに効率よく運ぶか。販売の現場においては、それらをいかに効率よく大量に販売するか。工業社会の訪れにより、これらこそがビジネスの大テーマとなり、広がっていったのである。

同じテーマは、こうしたビジネスを実現するためのテクノロジーの発達とあいまって、サービス業にまで発展した。

高品質なサービスをいかに均質に、いかに大量に提供するか。そのテーマに基づいた飲食サービス、理美容サービス、ホテルサービスなど、工業社会の強みを活かしたさまざまなサービス業が生まれていった。社会学者のダニエル・ベルらは「工業社会が進展することで経済におけるサービス業の比重が高まり脱工業社会となる」と予言したが、広がっていったサービス業は、まさに工業社会のものであった。

われわれの現代社会は工業社会の恩恵を受け、夜中でも開いているコンビニがあり、安くておいしい牛丼が食べられる。それはそれでありがたいことで、ここで論じたいことはその是非ではない。

論じたいことは、「今もなおビジネスのフレームは工業社会のフレームのままではないか」ということである。

## 予測が成り立たない世界

『利他性の経済学』という著書を持ち、支援型経済と組織論の研究者である舘岡康雄氏。日産自動車で日産ウェイ・コーディネーターを務め、現在は静岡大学大学院教授でもある彼は、このあたりのことを「パラダイム論」として論じている。舘岡氏は、工業社会のフレームを「リザルト（結果）パラダイム」と総括した。著書にはこうある。

「リザルトパラダイム」とは、現実は動いているとしても、関連要因間の関係性を把握している（近似的に把握できている）として、あたかも近似的に止まっているかのように扱う態度・見方である。インプットに対するアウトプットが線形的に予測可能なるがゆえに、結果だけが大切にされるので、このように命名した。

『利他性の経済学』

リザルトの時代には、過去の活動の結果に注目して計画を立て、活動を左右する要因と結果の直線的な関係によって将来を予測しながら、目標と活動の結果のズレに注目して進めていく方法が有効だったと氏はいう。交通渋滞問題を例にとれば、どれくらいの大きさの橋をいくつ架けるとどのくらい混雑が解消したかという、過去のルール（成功体験）によって橋を架け、その後実際の緩和結果と目標のズレに注目しながら進めていくやり方だ。この時代には、およそこうすればこうなるということが読めるので、ある時間幅で計画を立てて、成果を最大にしようとすることでよかったのだと。

したがって、活動は系内で最適な解を求めることになり、ルールの源は過去にあって参加者に共有化されており、結果が大事でそれを高めようとする。いわゆるノルマ（結果）第一主義の世界である。再現性が重視されることになっていく。

『利他性の経済学』

舘岡氏は自身が命名したリザルトパラダイムの背景として、社会の変化速度が遅く、ほぼ止まっているとみなせていたことを挙げている。

工業社会は、それまでの社会と比較すれば劇的に異なる世界を現出させた。しかしながら、それでもまだ社会の変化の速度は遅かった。自身が属する、日本の基幹産業の一つである自動車産業も、だからこそリザルトパラダイムで動いてきた。それで正解だったのである。

しかし、社会は変わってしまったのだ。

舘岡氏もこの著書の中で、新たな社会について「もはや一刻も止まっていることが許されない。次から次へと絶え間なく動いているのであり、インプットに対するアウトプットがカオス的で予想が立たない」と述べ、変化した社会に対応した新たなパラダイムが必要であると主張している。

では、それはどういう社会なのか。われわれが手に入れるべき新たなフレームは、どんな社会の背景にあるのか。

ここでよく知られた社会の変化が、この問いを解くカギになる。インフォメーションテクノロジー（情報技術。以下ＩＴ）の劇的な進化がもたらした「情報化」の波である。

## 情報化の波の果てに

ここで、情報化の波がもたらした「情報社会」というものについて少し触れておきたい。情報社会の定義については、研究者の著作や論文を参照していただきたいが、多くの方々が語る特質の一つとして「圧倒的な情報量の流通」がある。

これは昔ではありえない状況だ。

情報の流通が活発になったのは江戸時代あたりからだ。たとえば商業出版にしても、日本で盛んになったのは江戸時代後期ごろである。

それ以前の主な情報流通手段といえばたとえば飛脚だった。情報流通という視点から見れば、飛脚制度とインターネットは本質的に同じである。どちらも情報を乗せて走っている。飛脚が往来していた東海道は江戸時代の情報ハイウェイでもあったわけだ。飛脚の足の速さや数によって情報の流通量が変わるから、どれぐらいの情報量を運べるかは当時も大きな課題だったろう。

明治になって電信電話が出現した。飛脚に比べればはるかに便利だが、電話の限界というものはある。同期通信、つまり相手がいないとしゃべれないことだ。ここに録音機材が出てきて、留守録にメッセージを入れられる仕組みが登場したころから、情報流通は劇的に変わっていく。そこからはみなさんご存知の通り、今日マウスイヤーと呼ばれるがごとき速いスピードでパソコンや携帯電話が普及し、インターネットや電子メールを誰もが使い、ブロードバンドのおかげで急速に、圧倒的な量の情報が手軽に行き交うことのできる世の中になってきている。

情報社会はITの発達によって生まれた。そういう意味では、同じくテクノロジーの発明や発達によって生まれた工業社会の延長線上にある。

工業社会が人々に新たな人生をもたらしたことは先に述べた。とすると、情報社会は人々にどのような人生をもたらすだろうか。人々のものの感じ方や考え方、意思決定、行動などはいかに変わっていくのだろうか。

## 道具が思考を規定する

ところで、このように日常生活で使う道具が変わると、人というものは大きく変わっていくことをご存知だろうか。

それはネットで買い物ができて便利になった、というようなことではない。人の思考回路が大きく変わっていくのである。

このことについては、W―J・オング氏の文字の文化と声の文化の比較研究からの知見が興味深い。

「文字」というのは意思を伝達する手段として発明された道具で、もちろん世界には文字を使っていない民族も数多くある。

彼らは話し言葉だけで意思疎通している。この「文字」という道具を長い間使っている人と使っていない人では、思考の仕方がまったく異なるという興味深い事実がある。

それはたとえばこんな例である。

あなたが誰かに次のように訊かれたとする。あなたは何と答えるだろうか。

「貴金属はさびません。金は貴金属です。では、金はさびるでしょうか。さびないでしょうか」

われわれは三段論法という形式論理を、文字という道具を使うことを通じて自然に習得している。したがって答えは普通こうだ。

「さびません」

しかし、文字を使っていない人たちはこう答える。

「いったい貴金属はさびるのさびないの。金はさびるのさびないの。どっちなんだい」

「貴金属はさびるよ。金だってさびるさ」

またこういう例もある。文字を使っていない人と調査者との問答だ。

「木を二語で定義するとしたらどうしますか」

「二語でねえ。ええと、りんごの木、ニレの木、ポプラの木ってとこかな」

「りんごの木」は「定義」というより名前である。

私もセミナーなどで「木をどのように定義しますか?」と訊ねてみたことがある。およそ答えは、「土に生えているもの」「緑色のもの」「酸素を作るもの」……となる。これは物事を抽象化する思考で、やはり文字という道具を使うことで獲得されていく思考であるとされている。

オング氏の著書にはこんな事例もある。

調査員が「車」について、文字を使っていない被験者に、抽象的に説明してもらおうと試みる。もちろん被験者も車自体は知っているし、使ってもいる。そこで、仮に車の全然ないところで、人に車のことをなんと説明するかを訊ねるのだが、被験者の答えはこうである。「てっとりばやく言うんだったら、こう言うぜ。『車にのってドライブに出かけてみな、そうすりゃ車がどういうものだかわかるから』って」

対照的なのが、三十歳の読み書きのできる集団農場の労働者の場合だ。同じ質問をすると、彼は、「それは工場で作られる」「馬で行けば十日もかかるような距離も、それならほんのひとっぱしりだよ。そのくらいそれは速い」「火と蒸気を利用してそれは走るんだが、水が沸騰して蒸気になるよう、まず火をおこしてやらなきゃならん。蒸気によって機械がその力を発揮するわけだ」などと、「車」をある程度抽象的に説明できる。

前者の彼は別にふざけているわけではない。「文字」という道具を普段から使っているかいないかで、人の思考のありようはこうも異なるのだ。

このように、日常的に使う道具によって人の思考は決定的に変化する。異なる「思考回路」になるのである。

## 工業社会から新しい社会へ

では、工業社会から情報社会に移行したわれわれの思考回路はどうなのだろうか。

工業社会とはまったく異なる道具を日々使い、桁違いの量の情報を日々処理し、新しいやり方で人と人とのコミュニケーションを日々行う私たちの思考回路――これはやはり、工業社会とは異なった思考回路を持つようになるのである。

現代のような「情報が爆発的に広がる社会」は過去にはなかった。われわれが生きている社会は、過去の誰もが経験したことのない、未体験ゾーンなのだ。

情報社会の特徴は、「情報というものが膨大な量で流通し、それを処理することに人の志向が向いている」ということだろう。向いているというより、向かざるをえない。
そのなかでいったい何が起きているのだろうか。

人の情報処理能力は飛躍的に高まってきただろう。少なくとも日本の社会においてはそうだ。インターネットに限らず、テレビや雑誌、携帯電話をはじめ、街を歩けばそこらじゅうに看板もかかっている。渋谷駅前の交差点で信号待ちをすれば、目の前にいくつも大きな画面があって、いろいろなことをいってくる。現代はそういう世の中である。

現代人はこれらの情報を完全に遮断しては生きられない。このような社会が到来し、そのなかで生きているわれわれは、意識するしないにかかわらず、ものすごい勢いで大量の情報を処理している。われわれがすでに持っている情報処理能力は、一昔前と比較すると相当に高い能力になるだろう。

欲求に基づいているわけではなく、このような環境の中で生きることによって、自然にかつ急速に変化していく人の思考回路。そして、その土台の上に現れる新しい社会。

このような成り立ちの社会だからこそ、ビジネスでは「感性」に焦点を合わせる必要がある。なぜならば、「感性」は人が高次に（高いレベルで）情報を処理するメカニズムそのものだからだ。

だからこそ、私はこの社会をこう呼ぶ。

「感性社会」と。

## 感性とは人の高次情報処理機能

ここで少しだけ「感性」なる用語について触れておく。

感性の定義は非常に難しく、それを簡潔に訳す言葉は英語にはない。

感性の研究者は海外にも数多くおり、それぞれがいろいろな定義をしている。「感性というのはエモーション（emotion）」とか、「センシティビティー（sensitivity）でしょう」「デザイン（design）である」などといった意見がある。しかし、どれも完璧にはフィットしない。日本語の「感性」に相当する英単語がないため、国際会議でも「KANSEI」と表記されている。

学術的な用語としての定義ではないが、一言でいえば「感性とは人の高次情報処理機能」である。高次情報処理機能というのは、大量に降ってくる情報を、複雑にかつすばやく処理できる機能だ。

たとえば、町ですれ違った女性をかわいいと感じるときに人が使っている機能、向かいの席に座った男性をステキと感じるときに使っている機能だ。人が向かいの女性を「かわいい」と感じるまでに、脳の中では顔の輪郭を認識する部位や目鼻などの位置関係を認識する部位など多くの部位が連携して動き、複雑な情報処理をして「かわいい」となる。その結論に至るまでにあなたは何分もかからないだろう。これは大変に複雑なことを驚異的にすばやく処理しているのだ。

しかし、もちろん感性の役割は女性をかわいいと感じることだけではない。人がある商品を「いいなあ」と感じること、ある店で過ごして「なごむなあ」と感じること、われわれビジネスパーソンに最も関わりの深い、このような人の感じ方を司っているものもまた、高次情報処理機能、すなわち感性である。

ここでよくある誤解を解いておきたい。

「感性」というと、どうしても「美的センス」などの意味や「右脳の働き」「直感の領域」のような印象を与えてしまう。しかしそうではない。脳の視点からいえば、左脳的な、論理的な働きも含めた「脳の統合的な働き」のことだ。

ビジネスの視点からいえば、お客さんの感じ方や意思決定を司る最も重要なメカニズムそのものなのである。

**ただの「オムレツ」はもう成り立たない**

話を戻そう。

そうした新しい社会が到来したわけだが、舘岡氏はこの社会の特徴を次のように表現している。

・もはや一刻も止まっていることが許されない
・次から次へと絶え間なく動いている
・インプットに対するアウトプットがカオス的で予想が立たない

そう、これは感性社会の際立った特徴でもある。

この特徴をレストランの例で説明しよう。

私の子ども時代はデパートに行くことが大事件で、「今日はデパートへ行くよ」と言われたら飛び上がって喜んだものである。何が大事件かというと、デパートの大食堂で食事ができることだった。母親と一緒に町へ出かけ、大食堂でお子様ランチを食べる。型にはまったチキンライスの上に旗が立っていて、私の好きな食堂では必ずオムレツがついていた。脇にヤクルトも添えられていた。今日はなんて幸せなのだろうとはしゃぎながらそれを食べるのだ。当時のレストランは私のなかでこのような位置づけだった。

ところが現在の消費者はどうか。レストランに行って、仮にオムレツを食べに行ったとしても、卵が巻いてあって、ケチャップがかかっているオムレツさえ出れば満足できるだろうか。それだけでは満足しないはずである。

われわれがレストランに求めるものは、料理以外にもいろいろある。そもそも料理にも味や盛り付けなどいろいろと期待している。そのほかにもレストランへの期待は、たとえば店構えであったり、内装であったり、照明、ＢＧＭ、壁にかけられた絵画であったりするはずだ。

私も現在、実際にさまざまなレストランで感性工学的仮説を立てて実験をしている。すると、お客さんがいかに多くの、かつ多様な情報を意識的にもしくは無意識に、高次に情報処理しているかがわかる（この実験結果については後ほど第五章で触れることとしよう）。

そういったところにまで気を配るレストランは、もちろん昔も存在しただろう。しかし、それを味わう感性の持ち主は、そのころの日本にあまりいなかったと思う。当時の私の情報処理能力で見れば、チキンライスがこんもりしていて、オムレツがあって、旗が立っていさえすればOKだった。

しかし、いまやレストランというビジネス一つとっても、そんな単純なことで流行りはしない。そういう単純な解答はないのである。

また、百歩譲ってオムレツブームがきて、おいしいオムレツを出すことが流行る大きな決め手という状況があったとしても、その店のBGMがさっぱり店の雰囲気と合っていなかったら、今のお客さんはどう感じるだろう。また、店の雰囲気にマッチしたBGMを流していても、店員の接客態度によっては評価や印象が異なるだろう。しかも、あるお客さんに昨日ランチを食べてもらって、ステキな店だという印象を持ってもらったとしても、そのお客さんがその夜にまた別の店へ行って新たな〝レストランのステキさ〟を知ったとする。あるいは、友だちのブログを見て新たな〝ステキさ〟を知ったとする。そしてそのお客さんが今日再び来店したなら、もはや昨日と同じことをしても同じ印象を得られるとは限らないのである。

このようにすべての要素がミックスされ、お客さんの判断や印象を創るビジネス社会。逆にいえば、たった一つの要素が異なる結果を導き出すビジネス社会。

そして、その結果が常に動いているビジネス社会。

こうした、予測の立たないビジネス社会。

これが「感性社会」である。

# 第　二　章

# こぶとりじいさんのこぶはもらわない

## プロセスに目を向ける

## 昔話に学ぶ

まず、日本の昔話について触れたい。昔話には感性社会で成功するための示唆に富んだ話が、実は多いのである。

たとえば、有名な「花咲かじいさん」がそうだ。そのストーリーを簡単になぞろう。

「花咲かじいさん」

正直者の老夫婦が犬を飼っていました。あるとき、裏の畑で愛犬が吠えます。「ここ掘れワンワン」おじいさんが掘ってみると、大判小判がざくざく出てきました。

隣の欲張りじいさんはこれを見て「その犬を貸せ」と強引に奪い取ります。自分の畑へ連れて行き、無理やり鳴かせてそこを掘ると、出てきたのは茶碗のかけらや石ころでした。欲張りじいさんは犬を殴り殺してしまいます。

正直じいさんは愛犬の死を悲しみ、手厚く葬ってあげました。そして翌朝、犬の墓を見ると大木が生えています。この木を切って臼と杵を作り、餅をついたところ、宝物が出てきました。

これを見た欲張りじいさんは「ちょっと貸せ」と強引に奪い取ります。ところが出てくるのは石ころばかり。腹を立てて臼を叩き割り、燃やしてしまいました。

正直じいさんは、犬の形見だからとその灰を返してもらいます。持ち帰ろうとしたところへ一陣の風が吹き、灰が飛び散って枯れ木に花を咲かせました。正直じいさんは面白くなり、木によじ登って灰を撒き散らします。

「枯れ木に花を咲かせましょう」

そこへお殿様が通りかかり、満開の花を見て大喜び。「あっぱれ、見事である」とごほうびをくれました。それを見た欲張りじいさんは灰をひったくり、「この灰は私が焼いたものです。私にもほうびをください」と灰を撒き始めます。しかし花は咲かず、それどころか殿様の目に入って大騒ぎになります。欲張りじいさんは家来にさんざん殴られてしまいました。

こうして改めて読み返してみると隣の欲張りじいさんはなんとも過激だが、この話、実に示唆に富んでいる。

探してみると、こういう話は日本の昔話に多い。「こぶとりじいさん」もそうだ。

「こぶとりじいさん」

昔、頬に大きなこぶのあるおじいさんがいました。山に分け入って仕事をしていると、雨が降り出します。手ごろな木のうろを見つけ、その中で雨宿りをするうちにおじいさんは眠り込んでしまいました。

ふと目を覚ますと真夜中です。にぎやかなお囃子が聞こえ、何事だろうと外へ出てみると、おおぜいの鬼が宴会をしていました。

陽気な性格のおじいさんは、怖さも忘れてつい踊り出してしまいます。思わぬ飛び入りに鬼たちはあっけに取られますが、「面白い踊りを踊るやつだ」と大喜び。とうとうみんなで踊り出します。

やがて一番鳥が夜明けを告げました。鬼たちはあわてふためいて帰り支度を始めました。

鬼のかしらがおじいさんを呼び止めます。

「じいさん、今夜も踊りに来い。それまでこれは預かっておく」

そう言って、こぶをもぎ取ってしまいました。不思議なことに、痛みもなければ傷跡も残りませんでした。

さて、同じ村にもう一人、大きなこぶのあるおじいさんが住んでいました。この話を聞いてくやしがり、自分もこぶを取ってもらおうと夜中の森へ入って行きます。

お囃子のほうへ近づくと、まさしく鬼が宴会をやっていました。恐ろしさに足がすくみますが、意を決して鬼たちの中へ飛び込みます。

「昨日のじいさんが来たぞ」

鬼たちは手を叩いて喜びますが、このおじいさんの踊りは下手でした。もともと踊りが好きではなかったのです。宴会はしらけ、鬼のかしらはすっかり気分を害しました。

「二度と来るな。これは返してやる」

そう言い放つと、持っていたこぶをくっつけて追い出しました。おじいさんは両方の頬にこぶを下げ、とぼとぼと村へ帰っていきました。

あなたは、これらの昔語のどこが感性社会で成功するための示唆に富んでいると思うだろうか。

**私もかつてそうだった**

では、次に恥ずかしながら、私の昔話を聞いてほしい。

私は大学を出てすぐ小売業に就職し、婦人用品売り場のチーフとなった。チーフとは現場の責任者である。

実は、私は小売業に興味があってこの会社に就職したわけではなかった。その顚末ははぶくが、とにかく思いがけず小売業に就職することになり、配属されたらある朝、婦人用品売り場のチーフとなっていたのだった。

チーフには自分の売り場の月次売り上げ予算が決められ、毎月それを達成する義務がある。この予算達成には本当に苦労した。入社後、社内研修を受けはするが、肝心の予算達成の仕方は教えてくれない。教わったものは商品知識や「接客の五大用語」などだけ。そういう知識が役に立たないわけではないが、私は小売業でのアルバイト経験さえなく、まったくの手探りだった。

毎月毎月、私は月末になると気が重かった。職場はチェーン店だったので商品構成や売り場づくりは全店ほぼ共通である。だが私が働いていた店と違って、なかにはちゃんと予算を達成する店もある。月末が近づき、私の店だけが予算達成できない気配が濃厚になってくると、バイヤーやスーパーバイザーから「お前、何やってんだ！」と怒られることになる。「やる気があるのか！」とどなられたこともある。しかし、どうやって予算を達成すればいいのか、かいもく見当もつかない。大げさな言い方になるが、トンネルの中にいるような閉塞感を感じながら、日々予算と格闘していたのである。

そんなころ私が思いついたことは、とにかく「今、他店で何が売れているのか」を知ることだった。そして何も考えず、他店で売れているものをとにかく確保し、店頭に並べたのである。

他店である商品が売れていると知ると、自店で売れてなくても他店より多く発注した。そういう商品が入荷されていないと知ると、バイヤーにかけあった。無断で発注書を書き、怒られたこともよくあった。他店で売れているのだから、近いうちに自店でも売れると信じていた。しかし、そういう商品や在庫はたいがいセールまで持ち越すことになり、いつも在庫が多すぎることや、売価修正ロスが多すぎることを指摘されていた。

商談会にも同席させてもらい、「今、これ、大阪で売れてるんですよ」などとメーカーがいえば、とにかく入れてもらった。バイヤーが「これはお前の店では売れないだろう」というと、私の店が小型店なのでいい商品が入ってこない、だから予算が達成できないんだと食い下がった。でも、結局は売れなかった。


このエピソードから、あなたなら何を感じるだろうか。

私は今でも、他店でどんな商品が売れているかを知り、それを自店の仕入れに活かすこと自体が間違いだとは思わない。しかし今なら、そういうこととは別に、当時の私のふるまいには間違いがあったとわかる。

当時の私は、「花咲かじいさん」の欲張りじいさんや、「こぶとりじいさん」のこぶをつけられたじいさんとまったく同じだった。

成果をあげた人の結果、そこに見えるものだけを、何も考えずにただ真似ていたのだった。

それはそれで懸命だったとかつての自分を弁護したいが、いずれにしても、求める成果は得られない。そればかりか、二人分のこぶをもらってしまうことになったあのじいさんのように、かえって結果は悪くすらなったのだった。

そして、感性社会に突入した今日、私たちがこれらのじいさんのようにふるまうことは、当時の私以上に危険である。

私たちがそうならないためには、「感性社会のフレーム」をもとにふるまうことが必要だ。感性社会におけるビジネスの特徴をよく知り、そこでのふるまい方を念頭に置いておくことである。

本章ではそのことについてお話ししていこう。

## 単一の解がない

感性社会には主に三つの特徴がある。

まず一つ目は「これをやれば必ずこうなる」という決まりきった解答がないということだ。したがって、誰もがこれさえやればうまくいくという類の、単一の解もない。

つまり、わかりやすくいえば、他店で売れているものをそのまま何も考えずに仕入れてはいけないということだ。ライバル会社がヒット商品を出したからといって、そのまま何も考えず類似商品を作ってはいけない。近所の店が流行っているからといって、そのままその内装を何も考えずに真似たり、そのままその広告を真似たりするのも、この社会に適さないやり方である。

このような変化はビジネス現場に如実に現れている。

たとえば、出版関係者によると、以前は「こうすればいい企画が立てられる、いい本ができる」と教えることができた。売れっ子の作家や学者を囲い込むだけでも本が順調に売れて収益が確保できた。しかし、近年はそれが通用しないという。昔ながらの発想で、売れそうな著者に本を書いてもらってもなかなかヒットしない。「これだ」という決定的なやり方を教えることができないため、なんとか自分で頑張れみたいな世界になりつつあるというのだ。一人ひとりが考え、自分の中にある経験などとつなげて、どうすればベストセラーが作れるのか、自分なりに解答をひねり出していかなければならない時代なのである。上司に聞けば解決するという時代ではないし、今お話している意味では、おそらく上司も解答は持っていない。

しかし、ビジネスの世界でも入試の解答のように、誰かが知っている解があると思っている人が少なくないと私は感じるが、どうだろう。

たとえばこんな例がある。

ある大都市で若い人に絶大な人気を誇る地場のメガネブランド。オリジナルデザインのモデルが売りで、デザインは社長自らがやっている。何色もラインナップのあるモデルでは、一人で全色を買いそろえてコンプリートを自慢するお客さんもいるほどの人気のブランドだ。

この店は直営で複数の店舗を展開している。人通りの多い場所にある最も客数の多い店では、店内の壁がメガネ店には珍しい一面の褐色。店内には瓦屋根があり中国家具などもレイアウトされている。一風変わっているが、これがこのブランドの持つ雰囲気によく合っている。

客層の中心は、クラブに通うような人と、そういう人たちのファッションやライフスタイルにあこがれを持っている人だ。それもあって同社ではクラブイベントを主催することもある。そのときは社長自らもＤＪとなってターンテーブルを操る。

このブランド、いろいろと真似られることが多い。

オリジナルデザインのメガネが、そっくりコピーされたこともある。ある日、近くの店が同じような内装に改装していたこともある。取り扱っているヨーロッパブランドの商品を、理由あって五〇％OFFにしたときは、近くの店が同じブランドを五一％OFFにした。さらに、彼がクラブイベントを頻繁に開催しファンを増やしていたころ、しばらくするとその街ではなぜかメガネ店主催のイベントが増えた。

このような話は他の業界でも多い。

この例は同業者間のものだが、こういう例もある。

あるビジネス書に、強烈なインパクトのある、広告の成功事例が載った。それは広告のキャッチコピーを変えただけで反応が十倍に高まったというものだった。そのコピーはこういうものだ。

「まだムダ金を〇〇に使いますか？」

その後、この本がベストセラーになるにつれ、このキャッチコピーが業種を問わず、「〇〇」の部分を変えただけで、さまざまな場面で見られるようになった。このコピーがそぐわない、あるいは効果的でない多くのケースも含めて、である。

実は私はこの本の著者と懇意だが、彼がこの事例を掲載した本意は、黙ってこのコピーさえ使えば、どんな業種でもたちまちうまくいくということではもちろんない。しかし、私は長い間ビジネスの現場に関わっているが、実際こういう例は枚挙にいとまがない。

ただ、こうしたことが起こるのも無理はない。先にお話したように、かくいう私もかつて同じことを行ってきた。これは「こうすれば、こうなる」という時代の名残なのだ。工業社会のフレームによって起こっているのだ。

しかし、われわれが仕事をしているのは「これをやれば必ずこうなる」という決まりきった解答も「誰もがこれさえやればうまくいく」という単一の解もない社会なのである。

## 今日通用しても、明日は通用しない

感性社会の二つ目の特徴は、「今日の解は明日の解ではない」ことだ。

そういう意味でも、他店で売れているものをそのまま何も考えずに仕入れたりしてはいけない。ライバル会社がヒット商品を出したからといって、そのまま何も考えず類似商品を作ったり、近所の店が流行っているからといって、そのままその内装や広告を真似たりするのも、またまた、この社会に適さないやり方であることがわかる。

何度も言うが、今の社会は変化が速い。それは情報社会の顕著な特徴であるが、その結果、今日の解は明日の解ではないという状況が如実になる。

その影響でよく知られていることは、提供する商品の寿命がどんどん短くなっていることだろう。

工業社会の典型的商品である自動車が、まずそうだ。古くからモデルチェンジというものはあるが、モデルチェンジのサイクルが早まっているのは感性社会になったがゆえである。

私はヴィンテージカーが好きで、あまり聞き覚えのない車種と思うが、バンデンプラスプリンセスという車を持っていた。イギリス車で、一九七一年型だった。さらに数年前にはオースチンヒーレースプライトという車を買ったが、こちらは一九六四年型。さすがに乗りこなすのが難儀で手放した。この時代の車は生産中止になるまでほとんどモデルチェンジしないものも多かった。

今私は、私の個人的用語でいう「現代車」に乗っている。今のミニクーパーだ。ミニもすばらしい車だが、考えてみると旧型のミニは生産が終了するまでの長い間、ほとんど変わらなかった。あれでもモデルチェンジはしていて、マニアが見れば第何期かわかる。しかしぱっと見はほとんど変わっていない。

工業社会も変化はしていたのだが、業界に長い舘岡氏が言うように、変化が止まっているとみなせるほどに遅かったので、それほど問題にはならなかったのだろう。

だが、今はそれを変えていかざるをえない状況である。

もちろん事は車のモデルチェンジの問題だけではない。さらには商品の開発サイクルの問題だけでもない。

ある老舗の和菓子メーカーの社長がインタビューに答えていたのを見たことがある。そのときインタビュアーが、たぶんまったく悪気はなく、「ずっと同じ味を、まったく変えず守ってこられたんですね」といったところ、その社長は眉をしかめた。そして自社独自の伝統の基本は守りますがと前置きをした上でこういった。

「ずっとまったく変えていなかったら、うちはつぶれてますよ」

小売業、たとえば私がかつて勤めていた婦人服の売り場でもそうだ。かつては「昨年よく売れたから」というだけの理由で、バイヤーが前年とほぼ同じ商品を投入してきたが、今はそうしても今年売れるとは限らないし、たいがい前年の例に反して売れ残ってしまうだろうことに、多くの業界関係者も異論がないのではないだろうか。

サービス業の現場でも同じだ。焼肉のチェーン店「牛角」は、私も普段利用させてもらっているが、いつも感心するのは卓上に置いてあるメニューが実に頻繁に変わることだ。といっても、メインは肉である。創作料理の店などと違って、変化はつけにくいだろう。しかしデザインやレイアウトを変え、デザートやご飯ものなどを入れ替えている。季節感を出し、限定メニューも加えている。コストも手間もかかるだろうが、こうしたことを繰り返し続けていることは、今の社会の特徴をよく知り、その変化に敏感であるということではないだろうか。

このようにあらゆるビジネスの現場で、今日の解は明日の解ではないのである。

## 真似しても使えない

三つ目の特徴は、「A社の解はB社の解ではない」ということだ。つまり、他社の解は自社の解ではないということである。

まさにここでも、他店で売れているものをそのまま何も考えずに仕入れたりしてはいけないということだ。少々くどいが、ライバル会社がヒット商品を出したからといって、そのまま何も考えず類似商品を作ったり、近所の店が流行っているからといって、そのままその内装や広告を真似たりするのも、この社会に適さないやり方なのである。

講演や著書でしばしば取り上げてきたある埼玉県の酒販店の事例がある。

年末年始用の日本酒の販売で、毎年六本入り三ケース、計十八本を仕入れても消化できていなかった店が、ある年売り上げを伸ばし、前年比三十倍の数量（六百本）を予約完売した話だ。翌年には千本の大台に乗せ、蔵元の地震被災をはさんで、出荷が正常化した今日では千二百本を売っている。

もちろん、何の工夫もなくこのような成果が得られるはずもない。例年わずか十八本が完売できなかった銘柄である。彼は普段顧客に送っているDMを工夫するなどして、それまで行っていなかったアプローチをさまざまに行った。たとえば、DMで半年間にわたりこの日本酒を醸す過程や裏話をずっと連載した。売り出す時期よりずっと以前から情報を発信し顧客の関心を高めていったのだが、こうした工夫の結果、爆発的な売り上げ増を実現させた。ちなみに同時期、この銘柄が全国的に伸びたわけではない。彼の店だけが異常値といえる伸びを示したのだった。

ちょっと長くなってしまったが、ここでお伝えしたいのはここから先の話だ。

その後、ある酒販店がこの実績に刺激を受け、自店でもやってみようと考えた。もともと同じ銘柄を扱っている店である。

さっそく先の事例を研究した。いつどんなことをやったのか、どんなツールを使ったのか。たとえばDMであれば、そこには何と書かれているか。それらをつぶさに研究した。

しかし、この店主はそれらをそのまま真似たりはしなかった。あくまで参考にしつつ、自店に適した独自のやり方を大幅に盛り込んだのである。

たとえば、その一つはＤＭでの半年間の連載である。先の店主はこの日本酒の製造過程などで関心を高めていったが、この店主は自ら原料となる米の田植えを取材し、ＤＭを通じてそのルポを皮切りに、毎月この米の生育状況を伝え、クライマックスには生産者にも登場してもらって関心を高めていったのである。

その他、彼が行ったことについてここで詳しく述べることはしないが、元の事例を参考にはしつつも、がらりと変わったオリジナリティあふれるさまざまな工夫を行った。

その結果、この店でも売り上げ増を実現させた。例年十八本だった販売数量が、百七十本に急増したのである。

最初の店に比べれば伸び率は小さいものの、全国的にヒットしているわけではない銘柄をここまで拡販したのだから大成功である。

もし、ここで彼が何も考えずに、埼玉の店がやったことをそのまま真似てしまっていたら、この成果は得られなかったかもしれない。なぜなら今日、Ａ社の解はＢ社の解ではないからだ。

かつての工業社会においては、他社の解をそっくり真似ることで成功する確率が高まった。しかし、今日重要なのはむしろ真似ではなく、「差異」や「らしさ」があることだ。

感性社会が到来した今、もはやA社の解はB社の解たり得ないのである。

**思考のプロセスに目を向ける**

もう一度整理しておこう。感性社会の特徴は三つある。

一つ目は、これをやれば必ずこうなるという決まりきった解答がなく、単一の解もないこと。

二つ目は、今日の解は明日の解ではないこと。

三つ目は、A社の解はB社の解ではないこと。

この三つである。そして、それぞれの節で触れた例でお気づきかもしれないが、これらの要素は互いに重なり合っている。

本章で私は、「花咲かじいさん」の欲張りじいさんや、「こぶとりじいさん」のこぶをつけられたじいさんになる危険性を指摘してきたが、私が強調したいことは、他社で成果があがったことを真似てはいけないということではない。何、も、考、え、な、い、で真似てしまうことが、今日のビジネス社会において危険であるということだ。

他者の成果やビジネス現場で起こるさまざまな現象を見るのは大いにいいことである。それは必要なことだ。そこで重要なことは「考えること」。そして、さらに重要なことは、そうした成果や現象を見るときに「どこを見ることができるか」だ。

そこで、フレームを変えることが重要なのである。

先にお話しした三つの特徴を持つ感性社会のフレームから成果や現象を見たとき、あなたは新たに見えるものがある。それは目の前にある「結果」ではない。その「結果」に至るプロセス、「思考のプロセス」である。

かつての私の売り場時代の話を例にとれば、思考のプロセスが見えるとはこういうことだ。

たとえば、ある店で売れている商品があるとする。すると、なぜその商品はその店で売れているのか。その売り場ではその商品を売るためにどんなことをやっているのか。そもそもその売り場にはどういう顧客層が来るのか。そういうことなどに気を配りながら、その商品を仕入れて売っている人がなぜそうしたのか、その「思考」のどこが成果につながったポイントだったのかに目を向けるのである。

「売れている」という事実を創り出したその人の思考、それこそが重要なものである。そして、その売れている商品や、もしかしてそこに気の利いたＰＯＰがついていたとしたら、そのＰＯＰなど、その人が考えた「結果」に目を向けるのではなく、どう考えたのかの「プロセス」に目を向け、大いに参考にさせていただく。そして、自分の仕事に活かすのである。

**感性社会のふるまい方**

舘岡氏も、過去のリザルトパラダイムの時代には、「こうすれば、こうなる」時代だったからこそ、「こうなる」という、結果ばかりが注目されてきたが、「こうすれば、こうなるとは限らない」時代だからこそ、刻々どうなっているのかという変更するプロセスそのものを扱わなくてはならなくなってきたのが現在だという。

「プロセスそのものを扱う」ということを、氏はリザルトパラダイムに対する「プロセスパラダイム」という概念を提起してこう語る。

21世紀に向けての新たなパラダイムは、もはや一刻も止まっていることが許されない。次から次へと絶え間なく動いているのであり、インプットに対するアウトプットがカオス的で予想が立たない。「プロセスパラダイム」とは、このような動的なものを動的のままに扱う態度・見方である。この場合、動的な過程が大切であり、その過程を扱うという意味で「プロセスパラダイム」と命名した。動いているものを止めて扱おうとする時代から、動いているプロセスを動いているままに、自らも動きながら扱わなければならない時代に、人類は入ってきたということである。

『利他性の経済学』

世界の変化速度はこれまでにない速さである。それは情報社会がもたらした感性社会の特徴である。すると、われわれは動いているものを自らも動きながら扱わなければならない。だからこそ、感性社会のビジネス現場で見るべき最も重要なものは、思考プロセスなのだ。

第一章冒頭の便秘薬の例も考えてみよう。便秘薬が売れている現場を見に行ったときに、何が見えていなければならないかを。

そこで「おお、このPOPが決め手なのか。さっそくこれを作ってうちの売り場にも貼っておこう」と見えてしまうとすれば、これは工業社会のフレームだ。舘岡氏流にいえば、リザルトパラダイムからの見方である。

そうではなく見えていなければならないものは「そのPOPがどのような考えから生まれたか」である。どのように考えたらこの結論に至るのかという、思考のプロセス、そこを見てとれることが重要なのだ。

思考の結果であるPOPに目を奪われてはならない。そこで生み出された「うんちどっさり」というPOPは、思考の結果の一つ。一つの解にすぎない。

そこに「うんちどっさり」という言葉を書くことも一つの解だし、大きなPOPにすることも一つの解だ。そこにかわいらしい絵を描くことも、彼らの思考プロセスの結果生み出された一つの解にすぎないのだ。

ＰＯＰならばそのまま真似て、次の日には自分の関わっている売り場に並べることもできるだろう。しかし、単純にそのまま真似てはいけない。参考にしたものがどのように考えて導き出されたものか、なぜこのＰＯＰなのか、なぜこのＰＯＰでこの商品が売れているのか。そういうところに目を向けるのだ。

見えてくるだろうか、彼らがそこで本当は何を成したのかを。

それを見ることのできるフレームが重要であり、そのフレームから自然に物事が見られるようになることが重要だ。

そうなることでまた、このＰＯＰのような目の前の一つの「結果」、この小さな出来事から、大きな物事を動かす大切なものが見えるようにもなってくる。

「木を見ず森を見よ」という言葉のように、小さな出来事はつい軽視されてしまう。しかし知識創造理論の生みの親である一橋大学名誉教授の野中郁次郎氏も、森全体を見通すためには「木も見て森も見る」こと、気に入った木を一、二本選び、それを注意深く見ることが結局、物事の全体像やそれを成す重要なことがらを見ることにつながると解いている。まさに、先の読めない社会では、小さな物事から、大切なものを見通すことが重要なのだ。

そうして一本の木である「結果」に目を奪われることなく、得たヒントを活かし、自分もまた動いていく。動いているプロセスを動いているままに、自らも動きながら扱わなければいけない時代の、これは重要なふるまい方である。

「花咲かじいさん」の欲張りじいさんや、「こぶとりじいさん」のこぶをつけられたじいさん――彼らはそれぞれ主人公のじいさんたちが手にした成果を自分も手にしたかっただけである。

しかし、見るフレームを誤り、間違ったふるまいをしてしまった。

本当は、彼らは何を見て取り、どうふるまえばよかったのだろうか

単一解がなく、今日の解は明日の解ではなく、A社の解はB社の解ではない社会――感性社会。だからこそこのフレームを知り、このフレームからも世界を見てみることが大切ではないだろうか。

ただ、もちろん感性社会の見え方が身についただけでは、仕事での成果は生まれない。か

っての私が他店の売り上げの良さの秘密をこのフレームで見て取れたとしても、実際に自分の仕事に活かし動かなければ、つまり実際に商品を仕入れたりＰＯＰを書いたり、その他必要なことをしなければ成果は生み出せないだろう。

ではフレームと仕事の成果との橋渡しとなるものは何だろう。

その大切なカギについて次章で語ることとしよう。

キーワードは「感性情報」である。

# 第　三　章

# 価格ではない。付加価値でもない

## 感性情報をデザインする

## ショッカー幹部パーティーワインセット

まず、私が思わず買ったワインの話から始めよう。

そのワインは、創業百二十年余の歴史を持ち、モンドセレクションをはじめ、数々の国際ワインコンクールで受賞している日本のワイナリーのものだ。一九九五年にはワシントンで開かれたクリントン米大統領（当時）主催のパーティーでも使われ、二〇〇〇年にはフランス・エノローグ・ユニオン（フランス醸造組合）から五大陸の代表ワイナリーとしてアジア地区の代表に選ばれるなど、輝かしい実績を持つワイナリーが世に送り出す逸品である。

しかし、私が買ったのはブランドやこれらの実績が理由ではない。このワイナリーには大変申し訳ないが、その商品にこういうタイトルがついていたことだった。

「ショッカー幹部パーティーワインセット」

ショッカーというのは、初期の『仮面ライダー』に出てくる敵の軍団だ。

なんとこのワインは、その幹部がパーティーを開くときのためのワインなのである。

赤ワインの二本セットで、片方はショッカー日本支部の御用達である。欧州と日本の品種を原料に、シャトー・マルゴーから譲り受けた樽で熟成を進めた逸品。実際にショッカーの大幹部・ゾル大佐が、狼作戦の開始を祝い、幹部パーティーを行ったときのイメージで作られたものだ。もう片方は同じくスイス支部の御用達である。カベルネ・ソーヴィニヨン、メルロー、国産のブラック・クィーン等で構成され、バラの花のような華やかな香りが印象的な一級品。こちらもショッカーの大幹部・死神博士が、日本征服を決意し乾杯した場面を想定したもの。いずれもそのボトルに貼られたラベルには、ショッカーのマークが燦然と輝いている。また、箱の中にはショッカーの刻印の入ったワイングラスが二脚同梱されている。

さらに驚くべきことには、実際にゾル大佐のパーティーの際に使われた招待状が再現されついてくるのだ。その招待状には、怪しげな狼マークと共に手書き文字でこうある。「狼作戦を祝い、パーティを開催する。仮装にて参加されたし」。

これは欲しい。

私は迷うことなく即買いした。この商品の何がウケているか、あなたならどう説明するだろうか。もしあなたがワインメーカーの商品開発担当者だとすると、この私の消費のどこに着目して、どのように自分の仕事に活かすだろうか。

ときどき講演にうかがった先で同じ質問をしてみることがある。そんなときとても多い答えはこれだ。

「付加価値ですね」

では、仮にそうだとして、ここでの付加価値とは何か、そう訊ねるとこういう答えが返ってくることも多い。

「キャラクターですね」

キャラクターとはミッキーマウスとかキティちゃんとかいうものである。もし、キャラクターで買うならば、ショッカー幹部パーティーワインセットを買った私は、仮面ライダーのワインセットも買うだろうか。

ちなみに「ショッカー幹部パーティーワインセット」と同じくらいの時期に「ウルトラセブン誕生四十周年記念ワイン」というのが発売されたことがある。しかし、私は買わなかった。自分のオフィスにフィギュアを飾っているくらい、私はウルトラセブン好きではある。

しかし、欲しくはならなかった。この違いは何だろう。

売れたのは「付加価値」だというのは、工業社会のフレームからの見方だ。ワインという「モノ」が主で、そこにショッカーやウルトラセブンというキャラクターの付加価値がついているから売れたという見方である。

工業社会のフレームから見ると、そこにヒットの理由を求めがちだ。こういうワインが売れているのは、初期の仮面ライダー世代の懐かしさを喚起させるからであり、その時代のキャラクターを価値として付加すればヒットが期待できる、というぐあいに。それは、結果の解釈としてはそれほどずれていないかもしれないが、ここで起こっている消費の真実ではないのではないか。

**「シャア」ではなく「兜甲児」なら……**

ところで、こういう商品もある。「シャア専用携帯」という携帯電話だが、ご存知だろうか。ちなみに「シャア」というのは人名で、三十年以上にわたって人気の衰えない日本アニメ『機動戦士ガンダム』シリーズの最初の物語（ファンには「ファーストガンダム」といわれている）の登場人物「シャア・アズナブル」のことである。放映当初から主人公の少年アムロ・レイを凌駕した人気を誇っていた敵役だが、いまだにその人気を保っているキャラクターである。

で、このシャア専用携帯の価格は……なんと十万円である。

もちろん携帯電話だけの価格ではない。が、付属品は充電器のみ。では、普通の携帯と変わらないのではないかと思われるだろう。だが、その充電器はただの「携帯を置いて充電をする台」ではない。物語の中でシャアが操る赤いモビルスーツ「シャア専用ザク」の頭部の形をしており、充電のために携帯を置くと、携帯の画面にはモビルスーツの目となる「モノアイ」が点灯する。「モビルスーツ」「モノアイ」というのは……長くなるのでやめておこう。

とにかく、シャアといわれてもピンとこない人にとっては、単なる携帯電話と充電器のセット商品にすぎない。しかし、それが十万円もする。

実はこの携帯に関して、知人とこういう会話になった。

「シャア専用携帯って知ってる？」

「あっ、知ってます知ってます」

「あれいいね」

「いいですね」

「でも僕は買わなかった。通販サイトで思わず買いかけたけれど、まあ押しとどまった」

私はガンダム世代から少しずれるので、なんとか思いとどまれたのである。

すると、彼がこう言った。

「小阪さん、兜甲児専用携帯じゃなくてよかったですね」

よかったですねというのは、もし兜甲児専用携帯だったら、私は我慢できなくて即買っていたであろうということだ。

「兜甲児」が何なのかわからない方のために解説するが、「兜甲児」はシャアと同じく人名で、マンガとアニメで絶大な人気を博した『マジンガーZ』の主人公である。

兜甲児専用携帯となれば、充電器は当然巨大ロボット・マジンガーZの頭部になっているだろう。そして、充電するときはもちろん、「パイルダー・オン！」する。すると、携帯の画面に兜甲児の顔がぱっと浮かぶのだ！　「パイルダー・オン！」の説明は長くなるので割愛するが……。もし、こんなものが発売されたら私は絶対に我慢できない。

ここでの私の消費行動のカギもまた、「付加価値」ではない。

では、私が兜甲児専用携帯を買ってしまうと思うのはなぜだろう。

私がショッカー幹部パーティーワインセットを買ってしまったのはなぜだろう。

それは、あのワインにまつわる「情報」と、それを受け取り私を行動へ走らせた、私の「感性」とのしわざである。

## 情報と感性のしわざ

情報というのは大きく言って二つの角度から論じられる。一つは工学的な角度で、ビットで表される〝量〟としての情報だ。

確かにわれわれは一秒間に何ビットという具合に、情報を量としても受け取っている。たとえば今あなたが読んでいるこの文章も、量として表現すれば「○ビット」となるだろう。

しかし、われわれの普段の生活の中では、量の多少で情報の価値を判断しない。

たとえばセミナーなどに行って「今日はあまり情報が得られなかったね」というとき、それは量のことを語っているのではない。純粋に量で情報の価値を判ずるのであれば、二時間の講演より三時間の講演のほうがよいということになる。しかし、私たちが「情報が得られなかった」というときの情報は単純にビットで表される量の多少のことではない。

工学院大学情報学部教授・椎塚久雄氏によると、それはこういうことだ。

実は、われわれが生活しているこの社会は、〝データ社会〟と呼ぶべきものではないかと思う。（中略）データはコミュニケーションを構築するための原材料であり、完全なメッセージではないのでコミュニケーションとしての価値がないと考えられる。

（中略）

データは情報になってはじめてわれわれに伝達するのにふさわしい形になる。データを整理して意味のある形にまとめ、適切な方法で提示し、それを含むコンテクストを伝えることでデータは情報に変わることになる。

『感性システムのフレームワークと感性工学の展望』

自分にとって「意味あるもの」として受け取れたもの、それが情報である。そして、その情報が自分にとってぐっとくるかこないか、それが情報の価値を左右する。ぐっときたものこそが価値ある情報なのだ。

そこで、ショッカー幹部パーティーワインセットである。あのワインを見て、単に「モンドセレクション受賞のワイナリーが製造した」という意味しか見出せない人もいる。しかし、「ショッカー幹部パーティー用」にぐっときて意味を見出す私とでは、受け取っている価値はまったく異なる。購買に至るまでの意思決定も違えば、その意思決定に基づく購買行動も違ってくる。

もちろん、その商品に関する妥当な価格も違ってくる。

このワインセット、あなたにとって適正価格はどれくらいだろうか。逆にいうと、いくらまでならあなたに受け入れられるだろうか。

フルボトルのワイン二本に、グラス二脚とショッカーの招待状もついて、きれいなボックスに入った限定商品だ。

私は購入前、価格は四、五万円だろうと思っていた。それくらいまでは出す価値があると考えていたのだ。ところが、価格を見て逆に拍子抜けした。税抜き価格でなんと一万五千円だったのだ。

売り手はおそらく、モノと付加価値の正当な価格を積み上げた合計から価格を設定したのだろう。ワインのコストがいくら、グラスのコストがいくら、ショッカーを使用するロイヤリティーがいくらと積み上げてゆき、粗利を乗せた結果が一万五千円なのだと思う。

しかし、ここでは情報が決め手となっているのだから、適正価格は情報のすごさに基づいて決めてもいい。「情報のすごさ」というのはあいまいな言い方だが、あえてあいまいに言っておこう。その情報がお客さんにとっていかにすごいか、いかにぐっとくるかが価格をも左右するのだ。

そういう意味では、感性社会では正価という感覚も吹き飛ぶ。別の言い方をすれば、売れるか売れないかは価格の問題ではなくなっている。

こういうこともまた、情報と感性のしわざである。

## すべてのビジネスは情報を扱っている

感性社会において、感性に焦点を合わせてビジネスを営むためには、このフレームから物事を見る必要がある。すべては情報と感性のしわざであると見るのである。情報と聞くと、紙に書かれたものや何かのデータをイメージするかもしれないが、話す言葉も情報だし、目に映るものもすべて情報である。

第一章同様に、レストランというビジネスで考えてみよう。

レストランにおいても、いまや五感を通じて入ってくる情報すべてが感性に訴える情報である。

まずは味が決め手であることは異論の余地がないだろう。これは味覚を通じて感性に訴える情報だ。視覚から感性に訴える情報としては、壁の色や照明、その他目に入るもののすべて。聴覚から感性に訴える情報ではＢＧＭが代表的だ。触覚から感性に訴える情報では、椅子の座り心地や肌触りなどもあるだろう。

そのすべては感性に訴える情報に還元される。人はすべてを情報として入力して処理し、「おいしいね」「いい店だなあ」と感じているのである。

これら人の感性に訴える情報を「感性情報」と呼ぶ。

感性情報について、前出の椎塚氏はこう語る。

　例えばイメージ情報（画像、アニメーション、絵画）、音響情報（音楽、音声）、文字情報（文字、文章、詩）、身体情報（ダンス、表現、身振り）、造形情報（デザイン）、臭覚、味覚、等、いま考えるだけでも次々と浮かび上がって出てくる。それだけに、感性情報はわれわれの身の回りに無意識のうちについてまわっていることが分かる。

『感性システムのフレームワークと感性工学の展望』

そう、実は意識する、しないにかかわらず、私たちの周りには、すでに感性情報があふれかえっているのである。

われわれは感性という高次情報処理機能で、それらを瞬時に統合的にとらえ、レストランであれば「いい店だ」あるいは「二度と来るもんか」と判断を下している。

そういう意味では、レストランは今の日本でやる限り、ビジネスとして高度である。日本の消費者は感性が高いからだ。すでに私を含めて大食堂のチキンライスだけでは満足できなくなったお客さんが相手だから、日本でやる限り、感性という高次情報処理機能に対応できうるビジネスとして育てなければならないからだ。


もちろん、これはレストランだけにあてはまることではない。すべてのビジネスはすでにこういう領域に突入している。今やすべてのビジネスは、情報と感性のしわざで動く時代なのだ。

その意味では、すべてのビジネスは情報を扱う産業なのである。

## あなたのビジネスは感性産業か

「情報を扱う産業」と聞くと新聞社やテレビ局を連想したり、CDやDVDを制作したり売ったりするビジネスを想像したり、インターネットを使った映像配信事業こそがそうだという印象を持ったりしがちだ。

日本のインターネットショップ（以下ウェブショップ）の変遷をずっと見守ってきた楽天大学の学長・仲山進也氏と語り合ったとき、彼がこんな話をしてくれた。

「ウェブショップを新しいビジネスだと思い込んでいる人が多いが、それは大きな誤りだ。また、ウェブショップに抵抗感を感じている人は、特別な今までとは違ったやり方を強いられるようなイメージを持っていることが多いが、それもまた誤解がある。

インターネットはただの新しい道具にすぎない。ただ、たくさんの人と一度に接することができたり、コミュニケーションコストが非常に安かったりと、そういう使い勝手の良さは新しいけれど、結局はただのツールなのだ。

ところが、そういうふうに見えていない方がどちら側にもいる。リアルショップの経営者は、ウェブショップを違うタイプのビジネスとして特別視しているところがある。一方でウェブショップ経営者は、自分たちはウェブビジネスをやっているという特別意識を持っている。そのどちらも本質からずれている」ということである。

彼はひとしきりそんな話をした上で、こういった。

「電話で注文を取る酒屋さんも、自分のことを『酒屋です』というでしょう。『電話ビジネスをやってます』なんていう人はいませんでしょう？　ところが、ウェブビジネスをやっている人は違う。『私、ウェブビジネスをやってます』というんですよ」

そこのとらえ方が本質からずれているというのが彼の指摘だ。「私はこれこれの商売をやっていて、ウェブを活用しています」というのが正確な理解であると。

名言である。

もう一度同じことをいうが、すべてのビジネスは、すでに情報を扱う産業なのである。先ほどお話しした視点から見れば、すでにレストランビジネスは情報がお客さんの印象や意思決定、購買行動を左右しているのだし、ワインも携帯電話も情報がそれを左右している。

さらにいえば、今や実際にはほとんどのビジネスはお客さんの高次情報処理機能、つまり感性に訴える必要性に迫られている。そういう意味ではそれらのビジネスは、感性に訴える情報を扱う産業「感性産業」と呼ぶべきものなのだ。

すると、ほとんどのビジネスにとっての課題は、お客さんの感性に訴えて「意味あるもの」と思ってもらえるかどうかにかかっている。

いい方を変えれば「意味あるもの」とは「価値を感じるもの」だ。

経済産業省も、産業人材政策局の資料によれば、いまや実社会で求められるビジネスパーソンの能力が、「こなす能力」から「自らスピーディーに新しい価値を生み出す能力」へ変わったと認識している。お客さんにとって新たな価値を創造すること、これがいま日本のビジネス界における、大きな課題なのである

## **経産省が掲げる「感性価値創造」**

経済産業省が二〇〇七年に発表した、未来の日本経済の構築へ向けた新たな経済政策のキーワードは「感性価値創造」である。

次に挙げるのは、経済産業省の資料「感性価値創造イニシアティブ」冒頭での、甘利明経済産業大臣の言葉である。

最近、企業経営者の方々とお話ししていると、「いいものなのに売れない」という嘆きをうかがうことがあります。地域にいろいろな伝統や歴史によって培われた、「いいもの」はたくさんあります。しかし、「いいけれども売れない」のです。これは、従来の価値軸に即した「いいもの」の範疇でのみ、ものづくりをしているからではないでしょうか。新しい価値創造におけるキーワードとは何でしょうか。

私は「感性」であり、「感性」を通じて実現される満足、経済価値としての「感性価値」であると考えています。

また、この資料の中にはこういう記述もある。

「感性」は、生来合わせ持つ個性や生まれ育った環境（文化、風習、伝統、国民性、家族、教育等）によって形成されるものであり、一人ひとり多様である。また、そもそも感性とはどの感性が良いとか悪いとかが判断されるものではない。従って、ここでは感性自身の内容や感性の良し悪しといったテーマを議論することはしない。また、景気回復したからといってバブル時代のように、単純に奢侈的な商品やサービスの議論をしようというものでもない。

人は、理性や知性とは別に、感覚的にものやサービスの好き・嫌いを判断し、価値を見出し、内面的な充足感を得ようとする。また、人は商品・サービスを選択する際に、必ずしも理性で商品の機能や耐久性、コストといったものだけを測って計算した上で選択しているのではなく、直感的かつダイナミックに選択している。その所以が感性である。

経済産業省も感性に着目し、今後の日本企業の競争力のカギとしているのである。もちろん、感性価値創造というテーマは、ものづくりだけの領域にとどまるものではなく、広範囲な産業を巻き込むテーマだ。さらにはこんな記述もある。

ものやサービスの形には表れないものであっても、作り手の「手間」「こだわり」「時間」などに共感して、それに価値を見出すこともある。例えば本来形としては現れない、製造過程での「秘伝のたれ」や「ものづくりの仕組み（システム）」、環境配慮などの「ものづくりに込めた思い」や「思いやり」といったものもうまく解説し、分かりやすく見せ、共感を得られれば、優れたデザインと同様な価値を持つようになる。

再度言うが、車の外観や洋服の色・形のように「形に表れるもの」も、レストランの味やＢＧＭや、さらには作り手の思いなどのように「形に表れないもの」も、すべては感性情報である。

であるとすれば、感性価値創造も、その取り組みのカギとなるのは「いかに『感性情報』を扱えるか」ということになるのである。

**感性情報をデザインする**

ここで、私が二〇〇七年に国内外の感性や経営に関する学会で発表した論文の一部を、少し長くなるが転載したい。感性価値創造の取り組みのカギが感性情報をいかに扱うかという ことに関するくだりである。

企業として価値創造に取り組む場合、対象となるのは消費者の心である。商品のデザインや色使いに、あるいはセールストークやダイレクトメール（以下ＤＭ）などの訴求によって心を動かされたときに価値創造がなされたものと見なすが、これらは全て消費者の心の中に生じる変化である。そしてこの変化を引き起こすものが商品のデザインやＤＭに書かれた文章であり、これらは全て五感を通じて情報処理されるものである。たとえば製品のデザインやＤＭに書かれた文章は視覚から、セールストークの内容は聴覚から得られる情報であり、それらが情報処理される結果として、心の中の変化が引き起こされる。

とりわけマーケティング・販売の領域では、製品デザインや店舗空間デザインなどの商品やサービスそのものから得られる情報ではなく、セールストークのＤＭに書かれた文章などの商品にまつわる情報が消費者の心の中に変化を起こすことが主である。これは発信された情報が、消費者の経験から理解される個人的な知恵として受け取られ、心の中に価値を生むプロセスであると考えられる。

マーケティング・販売側から発信された商品やサービスにまつわる「感性に訴えるための情報」が、受信側である消費者の感性を経て価値を生み、消費行動の動機を喚起する。これがマーケティング・販売における感性価値創造の成立メカニズムである。

したがって、このメカニズムの成立要素は「感性に訴えるための情報」であり、これを「感性情報」と呼ぶとすると、この感性情報のデザインが、ビジネス現場における価値創造の成立に欠かせないこととなる。

価値創造のために「感性情報をデザインする」とは、消費者の心の中の変化を起こすために、「どういう情報をどう構成すればいいかを考える」ことである。

感性情報デザイン——これが感性社会におけるビジネスの最重要なキーワードである。

## 「お客さんの感性に訴える」が問われる

これがなぜ最重要なのだろう。それは、お客さんの感性に向けて発信する感性情報を変えることで、お客さんの心の中に価値が生まれ、消費行動が変わるからである。このことを直感的につかんでいただくため、リアルなビジネス現場での実例をいくつか紹介しよう。

まずは、ある店での店頭販売実験の話である。

商品は洋服用の「防水スプレー」。普通は六月などの雨季以外はあまり動かない商品。実際、実験をしてくれた店でも十月から十二月の三ヶ月間の前年販売実績はほぼゼロであった。

そこで最初の一ヶ月間、この商品を来店客の目に留まりやすい場所に置き、ＰＯＰには「防水スプレー九八〇円」とだけ書き、陳列してみた。

結果は、一ヶ月間一本も売れなかった。

次にこの商品の機能的な良さを伝えるべく、水滴が他の類似商品よりきれいに丸くなる、つまり大変効きのいい商品であることを文字と絵でＰＯＰに表記し、一ヶ月間陳列した。

すると、商品は少し動くようになった。一ヶ月に八本ほどである。

そこで次の一ヶ月は、さらに考えた。ちょうど販売実験は十二月にさしかかっていた。そこで発信するべき情報は何だろうか。時は十二月である。忘年会のシーズンだ。私もたまにやってしまうが、アルコールが入ると手元も狂いがちだ。ビールの泡が垂れるくらいならまだしも、なみなみと注がれたジョッキを倒したらズボンは台無しだ。しかしそういうときも前もって防水スプレーをかけておけばかなりカバーされる。そのことを店頭のPOPというツールを活かして、情報として発信した。

つまり、こう書いて貼ったのである。

——忘年会でビールをこぼさない自信がありますか？

そうしたところ、前年ほとんど売れなかった商品が百本近くも売れた。

そこで忘年会シーズンが終わると、すぐさま新年会向けの切り口に変え、こういうPOPを貼った。

——「あっ、こぼしちゃった」。せっかくの新年会を台無しにしたくないあなたへ

そうして年が明けても防水スプレーは売れ続けたのである。

また、ある家具店での話。

商材は一脚十万円という高価な椅子だ。従来数ヶ月に一、二脚程度の売れ行きだったものが、ある工夫をした一度のセールスで、即決で九脚も売れ、引き続き多くのお客さんが購入を検討し、その後もコンスタントに売れ続けた。

この椅子だが、デザインには大きな特徴がなく、見ただけで欲しくなるタイプの商品ではない。そのわりに高価なのは、人間工学に基づく設計がなされており、長時間座っても疲れないからだ。しかし、それだけではお客さんもピンとこない。したがって売れ行きもぱっとしなかった。

そこで店主は、この椅子の持つ価値を誰にどう情報として発信すればしっかり伝わるかを考えた。そして次のキャッチコピーを思いついた。

——読書をするならこの椅子だ

この切り口を軸に、機能の高さの解説や、あまりの座り心地のよさに店のスタッフが眠り込んでしまったエピソードなどを織り交ぜてＤＭを作成して顧客に送った。そうしたところ、それまでとはまったく異なる売れ方をしたのである。

もう一つ。これはある婦人服と雑貨の店での出来事。

この店ではあるとき掃除中に商品である人形を落として壊してしまった。足の部分が粉々に割れてしまい、売りものにならない状態だった。何とか接着剤で修繕したものの、明らかにキズもの。そこで、店ではキズものであることを明示し、さらにＰＯＰにこう書いた。

――私は人形です。オリンピックを目指して体操の練習をしていました。平均台から落ちて足を負傷。手術は成功。夢は実現しませんでしたが、第２の目標で頑晴《がんば》ります。こんな私ですが、お友達になってくれませんか？

すると、来店した五十代のご婦人が店員を呼びとめて、こう言った。

「この人形を二体ください」

女性スタッフが「一体は不良品ですので、一体しかございません」と答えると、そのお客さんはこう返した。

「いいんです。ケガした人形も含めて、二体欲しいのです」

そうして彼女は二体の人形とともに、ここに貼られていたＰＯＰまでも一緒に買っていった。もちろん二体とも正価である。

今紹介したのは、私のもとに届いた多くの事例のごく一部である。いずれもあえて造形情報など商品に直接関わる感性情報ではなく、その商品につけたＰＯＰに書かれた文字情報を変えることによって、消費行動を生み出した例を紹介した。

お客さんの感性に響く、感性をつかむことのできる情報を変えるだけでいかにお客さんの心の中では新たな価値が生じ、消費行動が変わるか、少し感じていただけただろうか。

そしてお客さんの消費行動が変わるということは、これらの例でもあるように、そこに売り上げが生まれるということだ。だからこそ感性情報のデザインが、ビジネスにおける最重要課題なのである。

ここで老婆心ながら言うが、今私が言いたいことはPOPをいかに書くかということではない。そういう見方はくどいようだが、工業社会のフレームだ。

言いたいことは、われわれは今仕事上で、感性情報をいかにうまくデザインできるかを問われている、ということである。

あなたが今どんな業種についていようと、会社の規模が大きかろうが小さかろうが、扱っているものがモノであれサービスであれ、働いている場所が東京のど真ん中でも、遠く離れた離島であっても、それが問われているのである。

だからこそ、感性社会に適したフレームでビジネス現場を見て、出来事やデータを分析し、課題解決に取り組むときの基本的な見方は、「感性情報デザインがいかになされているか」ということになるのである。

# 第　四　章

## 花見はなぜ飽きないのか

### 人の感性は進化する

## 映画のＤＶＤが売れるクリーニング店

東京の郊外に、あるクリーニング店がある。一見何の変哲もない店だが、業界全体が厳しい中で、これといったセールス活動もせず、値引きもしないにもかかわらず、近年売り上げ記録を更新し続けている。

まずはこの店のエピソードを二つ続けて語ろう。この店で起こった出来事を追体験していただきたい。この店のこのささやかな、しかし大きな出来事は、実に多くのヒントを含んでいる。それは、感性社会となった今、ビジネスパーソンは何をどう変えていくべきか。そして、何を変えてはいけないのか。その点についてのヒントである。少し長くなるが、お付き合いいただきたい。

この店は一見普通のクリーニング店だが、普通ではないことがある。それは、映画のＤＶＤがやたら売れているのである。

もともと映画好きの店主にとって、店で映画のＤＶＤを売ることは夢だった。が、はたしてクリーニング店でDVDを買う人がいるだろうかと不安もあった。しかも、正価販売だ。すでにネット書店やコンビニでは割引価格で予約を受け付けている。

しかし、あるお気に入り映画のDVDが発売されたことをきっかけに、思い切ってレターを出してみると意外な反応があった。

ある男性客は、いきなり申込用紙を持ってきて「これ」と差し出した。集配を利用している主婦からは、FAXで申し込みがあった。その他続々と申し込みがあり、仕入れた分は予約だけで完売してしまったのである。

実は、彼ら購入客にとって決め手となったものがある。それは店主がこのDVDにつけた特典。店主自らが書き下ろした映画の独自解説レポートだった。

もちろん彼は著名映画評論家ではない。普通のクリーニング店の店主である。

続いて、全国でこのDVD店頭販売が始まると、今度はこの店ならではの購入特典、独自解説レポートをDVDと一緒に梱包して、店頭に並べてみた。そして「なぜクリーニング店で映画を売るのか」について解説した大きなPOPを貼った。そこには自分がこの映画に感激し劇場で二回観たこと、学びが多い映画なのでぜひ観てほしいこと、自分はみなさんの感動する毎日の暮らしを応援する店を目指していることなどを書いた。

するとそれを見て感激して入店し買って帰るお客さん、クリーニングを出しに来て何の違和感もなくあっさりと買って行くお客さんなどが続出したのである。またもや予想以上に売れていった。また、「特典のリポートだけを売ってほしい」というお客さんも少なからず現れた。その売れ行きは、このＤＶＤの卸業者が驚くほどであったという。


二つ目のエピソード。

ある日のこと、店主はクリーニングの終わったシャツにボタンが付いていないことに気がついた。最初からとれていたのかもしれないが、彼はそんなことよりお客さんが長く気に入っていて、このシャツを着ている意味を大切にしたいと考えた。そこで持ち主の母親に連絡し、すぐにボタンを調達することを告げ、早速メーカーに問い合わせた。

するとシャツはもう製造しておらず、このブランドも他社に製造委託しているという。そこで委託先を聞き、連絡した。事情を話してボタンを購入しようと考えたのだ。しかし、委託先の対応は「古いものなので無理です」とそっけなかった。

困った彼は、別のボタンでもいいので調達しようと、先のメーカーに再度連絡して事情を話した。すると「とりあえず、そのシャツを送っていただけますか」との答え。これはと思った彼は単にシャツを送るだけでなく、手紙を添えてみた。そこには今回の事情に始まって、なぜここまでしているのか、その背景にある自社の経営方針、果てはクリーニング業のあり方やメーカーとの協力関係の大切さまで、Ａ４判の紙にびっしりと書き、同封したのだ。

するとメーカーから、「新品ではないが、何とかあったので送る」との答えが返ってきた。彼がお礼の電話をメーカーに入れてみると、驚くべき反応が返ってきた。

実は彼が送った手紙が社内で評判を呼んで回覧するまでに至った。それを見た上司が感動して、何とか見つけてあげようという話になり、資料として保管しておいたボタンを送ってくれたのだという。

今度はこの事実に店主自身が感激し、自店のお客さんにも伝えようと、毎月送るＤＭにこのエピソードを書いた。

すると、まずいきなりある女性顧客からＦＡＸが入った。そこには大きな文字で、「あんたはエライ！」と書かれており、店主の今回の対応に感心したとあった。さらに、店に来るお客さんの多くがこの話に触れ、「さすがこの店だと思ったわ」「ここまでしてくれるとは、ますます好きになったわ」と口々に言った。また、電車で偶然に出くわしたある顧客はわざわざ車中で彼に近寄り、この話に感動したと伝えた。シャツの持ち主の母親も持ち主である息子にこのＤＭを見せ、「ここまでしてもらえてよかったね」と話していたとのことである。

あなたがもし何かの店を営んでいるか、あるいはどこかの店の店長だとして、この店の状況をどう感じるだろう。クリーニング店と、ＤＶＤという商品が結びつくだろうか。この成果の決め手が独自解説レポートというなら、どの店でもレポートを付ければ売れると思うだろうか。また、二番目のエピソードについてはどう感じるだろう。そもそもここで起こっているいることはいったい何なのだろうか。

もう一度言おう。この店のささやかな、しかし大きな出来事は、実に多くのヒントを含んでいる。

感性社会となった今、変化の速い社会にあって、われわれビジネスパーソンは何をどう変えていくべきか。そして、何を変えてはいけないのか。

本章ではこの話を進めよう。変えるべきものは何で変えてはいけないものは何なのかについての、大事な話である。

## 花見と『キャッツ』の共通点

ところであなたは花見がお好きだろうか。私は大好きだ。毎年やっている。

花見は日本特有の文化だそうである。桜が自生する国はいくつもあるが、花見をやっているのは日本だけである。この面白さは世界中の国に教えてあげるべきだと思う。

では、花見のどこがいいのだろうか。咲いているのは毎年桜の花だ。珍しいともいえない花を、なぜわれわれは愛でに行くのだろう。そしてなぜそれを楽しいと感じるのだろう。満開の桜の下でどんちゃん騒ぎをするのは確かに楽しい。しかしそれは去年もおとといもやっている。

かといって、「桜は飽きたし今年は月見にするか」と言われたら、賛成したくない。月見は月見で風流なものだが、花見の代わりにはならないのだ。

では、もみじはどうか。もみじではあの雰囲気は出ない。梅はどうだろう。梅見というのはある。私もやったことがあるが、やはり花見とは違う。

花見はやはり桜でなければならない。桜以外には考えられないのだ。

ここで絶対になくてはならないものは「桜」だ。梅やもみじでなく、そこに桜がないと花見は成り立たない。あの花の色、枝ぶり、あの散りぐあい。風が吹くたびにハラハラと散ってゆく花吹雪を眺めながら酒を飲むのが花見である。われわれの感性が「花見っていいよね」と感じる、絶対に変わってはいけない要素といえよう。

しかし、何もかも変わらないといつか飽きがくる。花見で変わるものは、たとえば参加するメンバーだ。もしも去年とまったく同じメンバーで、まったく同じ場所で、まったく同じシチュエーションで、まったく同じ料理を食べて、まったく同じことをやったとしたら、毎年やるだろうか。せいぜい三年が限度だろう。

そこで、幹事は毎年あれこれ考えることになる。昨年は伊豆に行ったから今年はあえて近所の公園でとか、昨年はバーベキューだったので今年はお寿司だとか、昨年はビールと焼酎がメインだったので今年はシャンパンで乾杯してワインにするとか。幹事の苦労は、花見には毎年ちょっとずつ趣向を変えなければならないことがあることに起因するのである。

話は変わるが、先日、劇団四季の「キャッツ」を初めて観た。周りにはリピーターとおぼしき人が多かった。ご覧になった方はご存知だと思うが、「キャッツ」にはこみいったストーリーはない。猫が次から次へと出てきて歌う。そういうミュージカルである。ではなぜあんなにリピーターがいるのだろう。

これも花見と同じである。少しずつ少しずつ変わっているのだ。だから、よく来る人はどこが変わったかよく知っている。それを見つけるのも一つのマニアックな楽しみなのだろう。

実は、はじめて観た私には、キャッツのどこがどう変わったのかわからない。しかしパンフレットやキャッツファンのサイトやブログなどを見ると、演出や衣装、舞台装置など、さまざまなものが常に変わっているようだ。

二〇〇八年版のパンフレットに掲載されている、キャッツの楽曲の作曲者であるアンドリュー・ロイド＝ウェーバーのインタビューでも、彼がこう語るくだりがある。「四季の新バージョン、私はまだ観ていないのです。確認ですが、詞や曲は変わらないですよね？（笑）（中略）更に良くなっているでしょうから、拝見するのが非常に楽しみです」。

そして十年以上前にキャッツを観たことのある同行した私の妻もこう言った。「すごくよかった！　でも、前とぜんぜん違う」。

おそらく、こう変えるべきだという部分を変えているに違いない。今日のお客さんにも楽しんでいただけるように、来年のお客さんにも楽しんでいただけるように、そうやって少しずつ変えているのだ。劇団四季、おそるべしである。

## 感性は絶え間なく変化する

ここでまた情報の話に触れよう。

情報の重要な特徴は、時々刻々と変化することである。

たとえば「キャッツ」も視覚や聴覚などさまざまに楽しめる情報であるといえるが、これも時々刻々と変化している。そして、それを受け取る私もまた時々刻々と変化している。そしてキャッツを観た後の私もまた観る前の私より変化している。

こうした情報にまつわる時間的なダイナミズムは情報の特徴である。

専門的にはこうだ。

そして、この歴史性すなわち時間的累積性こそが、〈情報〉の本質的特徴なのです。この点を押さえていない情報学は、きわめて表層的・部分的なものと言ってよいでしょう。

伝達された〈情報〉は、意味を解釈され、蓄積され、処理加工され、ふたたび伝達されていきます。この行為をおこなう主体が生物なのです。情報の意味解釈や処理加工は、これまでにその生物の身体内に蓄積されてきた情報系にもとづいて実行されます。そして結果として、情報系じたいも変化します。こういう累積効果こそが、〈情報〉なるものの基本的性格なのです。

『こころの情報学』

ちょっと難しいいい方になっているが、たとえばこういうことだ。

今この本を読んでいるあなたは、頭の中にある意味解釈をおこなう情報系（日本語の語彙や文法、あなたの過去の体験・知識など）に基づいて読んでいる。そして読み進めるうちに、またあなたには新たな情報が加わる。知識も増えるかもしれないし、読んだことがきっかけで、今抱えている課題に関して何かいい案が浮かぶかもしれない。それがあなたの情報系自体が変わっていくということだ。そしてあなたがこの本の感想や、自分が読み取ったポイントなどをほかの人に伝えれば、その人の情報系もまた変化していくのである。

ここでいう「情報系」を私の用語で言うと、「一人ひとりの中にある感性」ということにもなる。

目の前で見たものや聞いたもの、味わったものなどをとらえ、解釈し、さらに自分の中に取り込んでいく。私という人間でいえば、私の中に蓄積されたもの。その情報系は、たとえば今年も花見をやることで更新され、更新された情報系がまた新しい情報を受け取る。こうして人の感性は絶え間なく変化し、育っていくのである。

## 感性教育

実際に人の感性というものはぐんぐん育っていく。その例を挙げよう。

私の知る京都のあるあられメーカーは、日本古来の素材や製法を継承し、本物のあられ作りを追求している。お店が観光地にあるため修学旅行生などがよく立ち寄るが、試食して一言「味がしない」などと言われるそうだ。その味や企業姿勢は多数のファンに支持されているが、ここのあられはときとして淡い味つけを身上とするものがあるため、濃厚な味に慣れた最近の子どもには物足りなく感じられるのだろう。

そこでこのメーカーの社長は、あられの味をわかってもらうための情報発信を開始した。たとえば、機会を作っては近隣の学校などに赴き、実演教室のようなことをやる。また、一度購入したお客さんに対しても商品に関する知識をまめに伝える。

「今回のあられには和三盆という砂糖を使用した。これは江戸時代に生まれた伝統的な砂糖で、じっくり味わうと感じるように、一般の砂糖とは違ったこういう甘さがほのかに……」

といった説明を詳しく語るのである。

そうすると、彼が言うには子どもたちもあられの味がわかるようになってくる。情報系が更新され、彼のあられの微妙な味わいがわかる感性が育ってくるのである。

こういうことは、あなたも体験しているのではないだろうか。

私の場合、たとえばお酒でそれを体験した。お酒が飲めるのは二十歳以降だから、それまでは基礎値がない。私はワインと日本酒が好きだが、初めて飲んだときは別に美味しいと思わなかった。ところが不思議なもので、お酒のことを知り、たしなむ機会を経るにつれて美味しさがわかってくる。

今は、イタリアンレストランで生ハムやカルパッチョなどが出てくると、すっきりとした白ワインを体が欲する。和食のおいしい店でふぐ刺しの薄作りが出てくると、体が淡麗辛口を求める。成人した直後はこんな欲求を感じなかった。

そうではなかった自分から、そういう自分に変わったわけだ。まさに「情報系が更新された」のである。私の用語で言えば「感性が育った」のだ。

二章で紹介した、十八本にも満たなかった日本酒を今や千二百本売っている酒店に訊ねてみると、彼の店でもそういうことは起こっているという。

あの取り組みをする前はわずか十八本も完売しなかったのだから、日本酒をたしなむお客さんは少なかったわけだ。しかし六百本、千本、千二百本と売れるようになってから、お客さんの日本酒に対する感性は確実に育ってきているそうだ。

顕著な例で言うと、店頭での買い方が様変わりした。以前はお店に買いに来るのはたいてい奥さんで、外出したついでに来店し、ご主人のお酒を買っていた。入店するやいなや目当ての銘柄を取り、支払いを済ませてさっさと出て行く人が大部分だった。いわゆる目的買いである。そうでなければ予算の範囲内で適当に選ぶ。このような買い方が一般的だった。

最近はまったく違う。同じようなお客さんが夫婦で来店し、「私は今回これがいい」「明日こういう料理をするからこっちのお酒にしよう」といった会話が増えているのだ。あるいは女性一人で来て「旦那のお酒はこれだけど、私はどれにしようかな」と品定めを始める人もいる。

女性客で最近増えてきたのは口コミ客だという。お酒の楽しさがわかってくると、友人や知人にうんちくを傾ける。自分の飲んでいるお酒がどのようにおいしいか、どんな料理に合うかといった話をするらしい。その影響で「誰々さんに薦められて」と買いに来るお客さんが増えたという。

男性客の場合は「俺の酒」という意識が生まれる。「この蔵元が作っているこの銘柄は俺の酒だ」などと考えるようになり、俺の酒だからという理由で人にプレゼントする。そういうお客さんが増えてきたそうだ。

ある男性客に至っては蔵元を訪問するようになった。以前は日本酒に興味のなかった人が、店主の活動をきっかけに関心を抱き、今では東京から新潟の蔵元を訪ねて行く。その蔵元がやっている日本酒塾に入り、定期的に通い始めたのみならず、今や後輩の塾生たちを取りまとめる役まで引き受けているという。

特筆すべきは、この酒販店がもともとそういう地酒好きが集まる特別な店ではなかったということだ。千人以上の顧客がいても十八本が売れなかった。そんな店でお客さんの感性が育っている。もちろん店主による活動の賜物だ。

彼は単に商品である酒を売るだけでなく、その酒にまつわる情報を常に伝え、体験する機会を作っている。新潟の蔵元を訪ねるツアーを定期的に企画したり、飲食店を借り切ってお酒と料理を楽しむイベントを開いたり、新酒のシーズンになるとお祭りのような試飲会を企画したりと、実にさまざまなことをやっている。その結果、お客さんの感性が育ったのだ。

これを私たちは「感性教育」と呼ぶ。情報系が更新されるとはこういうことなのだ。感性情報をデザインし発信する側の活動によって、お客さんの感性はこうして高められていくのである。

## ビジネスの本質的な変化

そしてここが重要だ。

お客さん一人ひとりを「情報系」と見たとき、こちら側が感性情報を多く与えていく（商品やサービスについて語ったり、販売する）と、それを受け取って情報処理した（語りを聞き、商品やサービスを購入し、体験した）お客さんの情報系が更新される。このやり取りが、感性社会のビジネスの根幹だ。

であるからこそ、ここに工業社会から感性社会への変化にあって、変わらなければならないものがある。

ビジネスは、感性情報を軸にした姿に変わっていくのである。

だから、前述のショッカー幹部パーティーワインセットが売れているのは「付加価値」ではないのだ。

わかりやすい例を挙げよう。

「ベッタ」という哺乳びんがある。この商品にまつわる興味深い話を知人がある夕食会で話してくれたことがある。

この商品が特徴的なのは、哺乳びんの形状が曲がっていることだ。その理由は、ミルクの授乳姿勢を赤ちゃんがお母さんのおっぱいを吸う時の姿勢と同じにするためだそうだ。それ自体も素晴らしい発想の商品だが、この話には先があった。

現在日本でこの哺乳びんを製造・販売している会社は、一九九五年から輸入販売していたのだが、品質の向上を求めて、二〇〇〇年から耐熱ガラス製を中心とした国内生産にスイッチした。このとき、この哺乳びんの特殊な形状ゆえに製造先を設定するのに大変な苦労があったという。

まず、機械による大量生産ができない。そうなると一本一本手作りするしかないのだが、これもまた技術が難しく、納得できる引き受け先はなかなか見つからなかった。そうしてたどり着いたのが東京下町のある硝子製作所。そこには高度な技術と職人としてのこだわりを持つ職人たちがいたのだった。

知人はこの物語を熱く語った。私もその話にだんだんのめり込んだ。うちには乳飲み子もいないし、姪っ子はすでに大学生だし、親戚にも友だちのうちにもいない。にもかかわらず、である。

そして、さらに彼が熱くなったのは、この哺乳びんを洗うために販売されているブラシについてだった。

そのブラシは、高級ブラシ素材として使われる馬毛を使用したもの。しなやかながら弾力性が高く、この哺乳びんの特殊な形状にも負けず、カーブや角まできちんと洗える。使用頻度が高くても一年以上の使用が可能で、その後も長年いろいろなことに使える。そもそもこれはもっと高級なもので……と、このブラシがいかに優れているかを語り続けたのである。

これらのうんちくに一同うなった。そして同時に思ったことは、もし知人に赤ちゃんが生まれてこの哺乳びんをプレゼントするとしたら、このブラシも一緒にプレゼントするだろうということだ。そして、哺乳びんとブラシがセットになったギフトパッケージがあるとすれば、そこには「商品」として不可欠なものがある。

それは、この彼の熱い語りをまとめた、一枚の紙である。それは商品に添えるだけの、おまけの類ではなく、商品の主な要素の一つとなる。このように「商品」は、モノそのものから書かれた言葉までのすべてをお客さんの感性に訴える情報として整えてはじめて、その価値が適切に伝わる「商品」となっていくのである。

では、こういう話はどうだろう。

山形の糸工場から生まれた、「M.&KYOKO」というブランドがある。創り手は「糸作家」を名乗る佐藤繊維社長・佐藤正樹さんだ。自社工場で作られたこだわりの糸を使い、最終商品のデザインから製造までを手がけ、販売も行っている。

設立当初は日本のバイヤーたちに相手にされなかった彼の商品を真っ先に認めたのはニューヨーク市場である。それがきっかけとなって日本でもブレイクした。その後は出ることすら難しいヨーロッパの権威ある展示会に出展を果たし、グッチやヴィトンなど、歴史あるヨーロッパブランドからも引き合いがある。

私は彼から直接話をうかがう機会を得たのだが、彼自身とても腰の低い気さくな人でまったく飾らない。しかし言うことはいちいちかっこいい。

彼の会社の糸が「すごい糸だな」と言われるのは、世界の誰にも作れない糸を作っているからだ。それは彼の持つ技術力とあくなき研究心のすごさを意味するが、彼にいわせると日本古来の製糸技術のすごさでもある。

「僕は常に『今何ができるか』の最高を追求しながら、誰もやらなかったことをやります」

彼は日本の貴重な技術が断絶してしまうのも惜しみ、廃業した同業者から古い機材を買い取っては修理して使ってもいる。必要であればその古い機材とＩＴを連動させながら、ものづくりを極めるだけでなく、日本の産業技術の継承もしようとしている。

また彼は言う。

「僕たちは流行を追いかけません。山形でやっていてよかった。流行に飲み込まれることがないからです」

もちろん情報収集には力を入れていて、世界中の大都市へも頻繁に出かける。どんなものが消費者に受けているか、どんな素材のトレンドが来ているか、そのあたりの動きは参考材料にする。しかし「これが来ているから次のシーズンはこれ」という考え方はしない。

「あれが売れているからあれを、ではないんです」

そしてさらにこうだ。

「作り出す商品は、素人さんに『ステキ』と感じてもらわなければならない。と同時に、玄人さんを唸らせるものでなければならない」

佐藤さんの言葉である。ここにはモノづくりに携わる人の心構えが表されている。


いま長々と佐藤さんのことをお話ししたが、あなたに紹介することが目的ではない。もちろん私は彼の話に感銘を受けたが、ここで問いたいことは、いまあなたの心の中に、佐藤さんへのある種の思い、彼が創り出す糸や彼らがデザインする洋服への関心や好感がすでに生まれていないだろうかということだ。洋服は特にデザインや色、着心地が重視される商品だ。それだけが購入への動機付けと思われているふしもある。しかしいま、彼らの商品をあなたは見ていない。触ってもいない。しかし心は動かされないだろうか。

実は彼らの商品、かなりくせのあるデザインである。何の情報もなくまず商品を見ると、好き嫌いは大きく分かれるだろう。しかし今お話しした情報を知った後、彼らの商品を見るあなたの目はすでに異なる。その場合、あなたは純粋に彼の洋服という「モノ」が欲しくなったのではない。佐藤さんのものづくりの姿勢やニューヨークでブレイクしたこと、グッチやヴィトンから引き合いがあること、さらにはそれほどの方なのに腰が低く気さくであることなど、モノとしての素晴らしさも含めた感性情報のすべてがあなたをとらえ、そこから生まれた価値を感じているのである。

ここで「感性情報とは熱い物語なんだな、こういう背景を熱く語れば売れるんだな」と勘違いしないでほしい。ここで私が言いたいことは、ビジネスが感性情報を中心に整うようになること――この、ビジネスの本質的な変化である。

## ヴィレッジ・ヴァンガードはどこがすごいのか

この変化の一つの典型的な例をいえば、クリーニング店で映画のＤＶＤを売るようにもなるということだ。

こうした変化は、とりわけ小売・サービス業では、見た目にも顕著だろう。というのは、まさに見た目にもクリーニング店の店頭にＤＶＤが並ぶようになるからである。

これまでお話ししてきた視点から、先ほどのクリーニング店で起こっている出来事を見てほしい。

あの出来事は、一風変わった店主が趣味で映画のＤＶＤを置いてみたら意外と売れたということではない。それは工業社会での「流通業」や「サービス業」から「感性産業」への転換を意味しているのである。

ヴィレッジ・ヴァンガードという書店がある。感性社会の書店である。もっとも、感性社会では、「書店」という分類の仕方もあまり意味を持たないのだが。

ヴィレッジ・ヴァンガードの特徴は、本以外にもいろいろな商品を置いていることだ。しかし、雑貨屋とも違う。食品であるポテトチップスも置いているし、前に見たときは昔懐しい粉末ソーダがあった。ＰＯＰには「まずい。罰ゲームに」と書かれていたが、とにかくさまざまな物を売っている。

この店はいったい何なのか。いつ行ってもたくさんのお客さんが来店しているが、では面白げな雑貨を仕入れればヴィレッジ・ヴァンガードのようにお客さんが来るのだろうか。

ときおりこの店を、会話の題材に使わせていただくことがある。そして「あの店ではどうしてあんなに、普通の書店で売れない本が売れると思いますか」と問いかけてみる。

そこで「やはりPOPを手書きにすることが決め手ですよね」と返ってくるなら、それは本書の冒頭の話になる。これは工業社会のフレームである。

「あのような、お客さんが思わず買いたくなるPOPのコピーを考え出すことが重要なのでは」という分析ならば、なかなか感性情報デザイン寄りである。

しかし、より着目してほしいところは、あの商品のそろえ方だ。

あの商品のそろえ方もまた、感性情報デザインなのである。

あの店がウケているのは、感性情報デザインの妙なのだ。

あれを工業社会のフレームから見ると、いったい何が起きているのかがわからなくなってしまう。それはいささかもったいないことだと私は思う。

工業社会の小売業は、商品を仕入れ並べて売るのが仕事である。それを突き詰めてきた会社もあるだろう。

販売時点管理システムなどを駆使して、販売時点でデータを管理し、どの商品が死に筋でどれが売れ筋か瞬時に把握する。そして死に筋をできるだけ早く店頭からなくし、売れ筋を充実させる。そういった取り組みから見れば、ヴィレッジ・ヴァンガードのような売り場は奇妙キテレツである。

念のため言うが、私はそういった小売業のあり方を批判しているのではない。むしろそれはそれで普段からよく利用もさせていただき、ありがたく思っている。そして、工業社会のビジネスモデルで営まれる小売業は、競争は激しくなるかもしれないが、これからも無くならないだろう。

たとえば、かつて私がいた婦人服業界でも、紳士服業界でも、家電業界でも、スーパー業界、コンビニ業界、さまざまな業界がそうだろう。さらには工業社会のビジネスモデルをサービス業に発展させた、ハンバーガーチェーンやホテル業界など、さまざまな分野でそうであるだろう。

そういう意味では、「変わらなければいけないもの」と今私はお話しているが、それは感性社会のフレームから見てのことだ。繰り返しになるが、工業社会のビジネスモデルで発展していく企業はこれからもあり、あるだけでなく、それは社会に必要である。

ここで分かち合いたいことは、しかしいまやビジネスには新たな地平があり、それが感性社会におけるビジネスの地平ではないだろうかということだ。

そして、どの地平を歩むのか、それは仕事をするすべての人たちの、自らの選択なのである。

## 感性社会で問われるものは

あなたがもし新たな地平での仕事を選択するなら、変えていくべきものはこれまでお話してきたものである。では変えるべきではないもの、変えてはいけないものは何だろう。

ここから先は、変えてはいけないものについてのお話をしていこう。

変えるべきではないもの——それは発信する情報の軸をなすものである。

「発信する情報の軸」とは、たとえばヴィレッジ・ヴァンガードは何を軸にして、世の中のあまたの商品の中から売るものを決めるのかということだ。冒頭でお話したクリーニング店は、何を基準にして映画のＤＶＤを選んでいるのかということだ。

感性社会では他社で売れている商品の情報を軸にして商品構成を組むようなやり方はそぐわない。かといって、ヴィレッジ・ヴァンガードや、かのクリーニング店のように何を売ってもいいのであれば、軸が必要だ。

この軸は自分そのものだ。

この軸は仕事の根っこ。

この軸を変えてはいけないのである。

この「軸」をもっと本質に近い言葉に置き換えると、こういう言葉になる。

「道」である。

感性社会で問われるものは「道」である。

道には信念も含まれるし、哲学も含まれる。ミッション、使命という言い方もある。人によってはライフワークというだろう。あるいはもっと噛み砕いて、何をお客さんに伝えたいか、教えてあげたいか、どんなことをやっていきたいかということでもいい。

それを私は「道」と呼ぶ。感性社会では道が問われるのである。

おぼろげでもいい。道などというときちんとした言葉を紙にでも書かなければならない感じがするが、きちんと言葉になっていなくてもいいのである（もちろん、なっているに越したことはないし、本書を読んでいるあなたがもし経営者だったら、あなたのもとで働く人たちのためにも、常にそのときそのときの言葉にすることは試みてほしい）。

実際に質問したことはないが、ヴィレッジ・ヴァンガードで働いている人たちも「君の道は何？」と訊いたらたぶん答えられないだろう。しかし大切なことはそこを答えられるかどうかではなく、その自分の軸から「（仕入れるべくは）この本だ」と感じ、仕入れられるかどうかだ。

「どうしてこれを仕入れたの？」

「だってヴィレッジ・ヴァンガードですから」

このように答えることができるとしたら、それが「ヴィレッジ・ヴァンガード道」なのである。

そして、とても大事なことなのだが、この軸がなければあなたが表現した感性情報（それは「ショッカー幹部パーティーワインセットという商品」や「ヴィレッジ・ヴァンガードという売り場」などである）を、その先に更新させることができない。

更新させることができないというのは、ヴィレッジ・ヴァンガードでいえば、次にどの本を仕入れたらいいかがわからないということである。

もし、どこかの会社が第二章でお話ししたような間違ったフレームでヴィレッジ・ヴァンガードを見て、間違ったふるまいでそっくりそのまま真似をしたとしよう。同じ商品を仕入れて、同じ什器を使って、同じ陳列の仕方をして、同じような風貌の社員を雇い、同じBGMを流した。

この店は成功するだろうか。

失敗する。なぜなら、感性情報の更新ができないからである。

## 「道」の探し方

では、その「道」を持っていない会社で働いている場合はどうしたらいいのだろう。

それはいささか不幸なことだが、今お話ししているポイントは、勤めている会社のことではない。あなたのことである。あなたの仕事のために、どのような会社や職場にあっても、あなた自身が道を持つことができるかどうかについてだ。

もちろん、会社が明快に道を持っていて、それがあなたの道と響き合うことが理想的だ。しかし、たとえ会社や職場がどうあれ、あなた自身の道はある。たとえ会社や職場を変わっても、あなたの道はあなた自身のものなのだ。

では、その「道」なるものをどうやって探せばいいのだろう。

それは簡単だ。動けばいいのである。動きながら考える時代なのだから。そうして失敗することもあるだろうし、ときに道を踏み外すこともあるだろう。しかし動き、考え、また動いていけばそこに道が立ち現れてくるのではないだろうか。

冒頭のクリーニング店の店主も、「これが道だ！」と大上段にかまえて、お客さんのとれたボタンを探したのではない。彼はあのとき、ああすることが道だったのだ。そしてああしたことで、自分の道にまた気づくのである。

ただし、その道にゴールはないだろう。花見にもゴールはない。

さらに、月見や梅見は決して花見の代わりとはならない。花見はいつもこれからも、あの美しく舞い散る桜とともに、「花見」として更新され続けていくのである。

絶え間ない変化が、感性社会のビジネスの宿命だ。ならば、感性情報の送り手である私たち自身もどんどん変わっていかなければならない。これもまた工業社会との大きな違いである。

どんどん変わっていくあなた自身と、どんどん変わっていく顧客。だから、感性社会のビジネスにはゴールがない。「これで完成」というものがないのである。

そうして、たゆみなく感性社会で道をなしていくと、その道に共感するお客さんがどんどん増えていく。

道は人から人へと伝染するのだ。

感性社会である現代、ここでいう「道」を感じることのできるお客さんは多い。そして、あなたの道を受け取ってお客さんの感性もまた育っていけば、それだけ道を感じる度合いも深くなっていく。

また今日、道が伝染する速度は速い。そんな社会だからこそそれを、口コミマーケティングやインフルエンサー・マーケティングなどの有効なマーケティング手法としてとらえることもできるだろう。しかし、伝染手法だけ学んでも役には立たないだろう。インフルエンザもウイルスがあるから伝染するのである。優れた伝染手法があってもウイルスがなければ伝染は起こらないのだ。

自分が広めるべきものは何なのか、その自分の軸を動きながら作っていく。そうした動きそのものが道になり、自分自身の道を歩むことにもつながる。すると、またその道がどんどん広まって、お客さんとの間にいい絆ができる。それはとても強く、いいつながりだ。

工業社会がもしかしたらどこかに置き忘れてきたかもしれないもの。それがこうして生まれ育まれる顧客との絆である。

ずっと人の感性に焦点を当てて、多くの人たちとさまざまなビジネス現場でいろいろなことを進めてきて今日、深く実感することがある。第一章で感性社会は情報社会ゆえに生まれたと言ったが、情報社会ゆえに人はより強く「身体性」を求めているのではないだろうか。

身体性、なかでも生身の絆である。

これはまさに私たちの実感以外のなにものでもないが、そうとしか思えない現象は、私が関わり直接見聞きするビジネスの現場に山のようにある。

そしてその絆は、われわれ情報の送り手の道との間に築かれる。

しかし、考えてみると、道と絆の美しい関係は、ずっと以前からビジネスの根っこではないのだろうか。

それはきっとビジネスの本質「変わってはいけないもの」なのである。

## それは誰でもできること

さて、この章の最後にもう一つだけ、前述のクリーニング店のエピソードをお届けしよう。感性社会のビジネスの本質と可能性を物語る話だからだ。

この店、クリーニング店であるにもかかわらず映画のＤＶＤが売れ続けていることは冒頭でお話ししたが、さらに驚くべき事実がある。

なんとある映画のＤＶＤを、題名を教えずに売っているのである。

その商品は中身が見えないように包装され、店頭に並んでいる。そこについているPOPには、まず大きな字で、「あなたのためにとっておきの映画をご用意いたしました」とある。そして「夫婦で観れば、長いこと二人で歩んできたな～と、お互いを思いやる心がよみがえります」などと続くが、「タイトルは秘密」である。

これだけで売れるものかと疑問に思われるかもしれない。しかもここはクリーニング店で、価格は正価である。

しかし、驚くべきことにこれが順調に売れているのである。

このエピソードは、感性社会のビジネスの根幹を物語っている。売り手と買い手との間に絆があり、売り手が提案するものに常に嘘がなく、期待をしばしば上回るものであれば、商品の中身を知らずして顧客は商品を買うことがあるのだ。

また、そこをよく考えてほしい。中身を知らずとも正価で買うのであれば、売り上げづくりは決して難しいものではなくなる。また、必ずしも店頭在庫を持つ必要もない。なぜなら買い手はその商品が何なのかを知らないので、緊急の必要性とは関係なく買っているからだ。それは、商品が入荷するまで待つことができることを意味している。

繰り返しになるが、ここで私がお伝えしたいことは、クリーニング店でありながら映画のDVDを売るユニークさではなく、これが新たな社会におけるビジネスの根幹と無限の可能性を見せてくれる具体的な例であり、厳然たる事実だということだ。

そして、それを自分の仕事を通じて実現している彼は、ごく普通の町のクリーニング店の店主である。

このことはある可能性を物語っている。感性社会の新たなビジネスの地平は、誰でも歩くことができるということである。

では次章からは、この地平を歩いていくために自分をどう磨いていくかについてお話ししていこう。

# 第　五　章

# 誰の目の前にも
# リンゴは落ちている

## 現象・データから何を読み取るか

## どんなヘアサロンが入りやすいのか

私が理事を務める日本感性工学会ではいろいろと面白い研究をやっている。

感性工学とは、人の感性というこれまでなかなか科学的な研究に臨むことが難しかった領域を、さまざまな分野の先生方が結集して研究に取り組んでいこうとする、学際的でエキサイティングな研究分野である。

この分野で、ある先生のヘアサロンの外観を題材にした研究がある。たとえば、どのような外観ならお客さんが「入りやすい」と感じてくれるか、そういったことを明らかにしようというものだ。研究結果に基づいてデザイン画もできている。

さて、あなたがヘアサロンの経営者だとして、その先生に何を聞きたいと思うだろうか。

私はいろいろなところでこの話をしている。もちろん先生の貴重な研究知見をおいそれとは語れないので、こういう研究をしている方がいますよという紹介にとどめる。するとヘアサロン業界に限らず、たくさんの人が次のように聞いてくる。

「で、どういう入り口がいいんですか。教えていただけますか」

「なぜですか」
「その入り口に変えたいからです」
あなたはどうだろうか。

アイザック・ニュートンの名前はあなたも知っていることだろう。彼がリンゴが木から落ちるのを見て万有引力の法則を発見したのは、つとに有名な話だ。万有引力に基づいて作られた近代科学は、近代社会に大きく貢献してきた。工業社会にも多大な影響を与えている。もちろん、その延長線上にある情報社会も、またその結果として生まれた感性社会も多大な恩恵を受けている。まさに歴史に残る偉大な発見をしたのである。

このリンゴの話は作り話であるともいわれているが、いずれにしても示唆に富んでいる。リンゴはその時代も、ニュートンの目の前にだけ落ちたのではない。誰の目の前にもリンゴは落ちていたのである。問題はリンゴそのものではない。「リンゴが落ちた」という現象や得られたデータから何を読み取り、どう自分の仕事に活かすことができるかということだ。

そしてそれは、今日の感性社会の課題でもある。

なぜなら社会が感性社会に変わったことによって、現象やデータの読み解き方もまた変わり、それを自分の仕事で活かすための自分の磨き方もまた変わっていくからである。

この章ではそうした自分自身のビジネス脳を磨くカギについてお話ししよう。

まず、感性社会では現象やデータをどう読むべきなのかからお話しする。いくつかの視点をお話ししていくので、参考にしていただきたい。

## レストランのBGM実験

私は感性工学に長くかかわっているが、レストランこそ感性産業の典型的なモデルの一つであり、感性工学をもっと取り入れるべきであるとの考えから『日経レストラン』誌で連載をやっている。あるときはBGM、あるときは椅子の座り心地や座面の肌触り、あるときはお店の色遣いと、人間の感性に影響を与えるさまざまな角度から論を展開し、ささやかな実験もやる。これがなかなか面白い仕事である。

BGMの実験は渋谷にあるカフェの協力を得て実施した。ここは近年のカフェ文化の草分けで、BGMに対する高い感性を持っており、店名を冠した音楽CDがたくさん出ているほどの店である。

その内容はこうだ。

実験は店の休日を利用して行われた。三十歳前後の方十二人に「お店の料理や雰囲気についてモニター調査をします」と説明して、六人ずつ二つのグループに分かれて集まってもらい、コースメニューを楽しんでもらう。そして、食事が終わった後にいろいろな質問をする。この店はどんな人をターゲットにしていると思うか、次に訪れるならどんなときがいいか、などなどだ。

しかし、本当に知りたいのはその回答そのものではない。彼らが料理を楽しんでいる最中に流していたBGMが、その評価にどんな影響を与えたかである。

どちらのグループも、同じ店内で同じテーブルを使い、同じ料理を楽しんでもらったが、唯一変えたものがある。BGMである。

Aグループでは、BGMにボサノバやサロン・ジャズなどゆったりした音楽を流しながら食事をしてもらい、Bグループでは玉置浩二、小田和正など九〇年代の懐かしいJポップをBGMに食事をしてもらった。

この実験では、とても面白い結果が得られた。

当日、私は店の中で実験に立ち会ったが、まず感じたのが、お客さんの話し声の様子が、二つのグループでまったく違うということだった。ボサノバを流したAグループでは、カップルの席も、女性同士の席も、みなさん低いトーンの小さな声で話していた。アンケートの答えでは、六人中五人が、「二人でじっくり話したいとき」に訪れたいと答えた。

一方、Jポップを流したBグループではうって変わって、カップルの席も、女性同士の席も、会話が弾んで、店全体がガヤガヤした雰囲気になった。アンケートの答えでは、「周りが気にならない」といった記述が目立ち、六人中四人が「友達とワイワイやりたい」ときに訪れたいと答えた。

どちらのグループも、同じ店内で同じテーブルを使い、同じ料理を楽しんでもらったにもかかわらず、である。

この実験結果を見て「そうか、カップルで店に来てほしいなら、Jポップをかけちゃだめなんだ」と結論づけてしまうと、それは工業社会のフレームで、ちょっともったいない。ここで考えていただきたいのは、こうして得られたデータや情報をどのように活用するかである。

先ほども触れたが、誰の目の前にもリンゴは落ちていた。なのに、ニュートンだけが万有引力の法則を見た。このBGMの実験結果は、このリンゴと同じなのだ。

情報社会においてデータの収集は容易だ。今、インターネットで検索すれば有象無象の情報を含めてあらゆるデータが瞬時に手に入る。情報を収集すること自体は難しい世の中ではなくなったが、問題は、集めた情報をどう読むかなのである。

## 売れないのは商品が悪いから？

たとえば、あなたが小売店で仕事をしているとしよう。商品の動きが激しい店だ。アイテムも多い。しかもチェーン店。当然販売時点管理システム（以下POS）が入っている。

では質問しよう。POSのデータで、ある商品が「死に筋」と出てきた。売れていないということだ。あなたはこのデータをどう見るだろうか。

工業社会のフレームでは、このような場合すぐカットする。つまり、売り場からできるだけ早く撤去する。売れない商品を置いておくと売り場の効率が落ちるからだ。

私が婦人用品売り場のチーフを務めていたころも、効率重視の考え方を叩き込まれた。売り場の係数には商品回転率というものがあって、いかにそれを上げるかによって収益が違ってくるので、売れない物は早くキャッチして撤去しなければならない。そして売れている商品の売り場を広げたり、売れている商品を欠品しないよう在庫をしっかり確保したりするのである。

この判断が間違っていると言いたいわけではない。工業社会のフレームからは正しいのだ。それを理解した上で質問をしよう。

感性社会のフレームからは、このＰＯＳデータをどう読むべきだろうか。

正解はこうだ。

「売れていないということは、感性情報デザインが適切ではないのではないか」

こう考えないと、感性社会ではあらゆるビジネスチャンスを失ってしまう。

ここでいう「感性情報デザインが適切ではない」とは、たとえば私の昔の婦人用品売り場であれば、ディスプレイの仕方やそこに貼るＰＯＰの内容・貼り方、接客のときのトークなどのことである。

感性社会では、商品に「売れる」「売れない」というレッテルが貼られているわけではない。一人のお客さんがそれを欲しいと思えば売れ、そう思う人がたくさんいれば「売れる商品」になる。そして、三章で紹介した防水スプレーや椅子や人形のように、欲しいという気持ちにさせるのは「デザインされた感性情報」だ。

たとえば、普段あまりワインを買わない人でも、ショッカー幹部パーティーワインセットの話を聞いたら欲しくなる可能性があるということだ。

ここで再度あの酒店のことを思い出していただきたい。毎年十八本だった日本酒を、ある年に六百本売り、その翌年は千八十本売り、今日では千二百本売っている店である。

彼が今まで売れなかった商品の感性情報を変えた結果、この商品は同店の大ヒット商品に変身した。もちろん自店のオリジナル商品ではないから、勝手にラベルを貼り替えるなど商品自体はいじれない。そうしなくてもこちらが発信する感性情報は変えられる。そして感性情報を変えればこういう現象が起きる。

彼は毎年十八本も消化しない商品だからといって、それが限界の商品だとは思わなかった。

感性社会では、売れているか売れていないかといったデータを、そういう目で見る必要もあるということだ。

こういう言い方は日本酒の蔵元に失礼だが、日本酒は今、酒屋で死に筋になってしまっている商品も少なくないだろう。しかし、そのデータだけで「死に筋＝売れない商品」と判断してしまうのは工業社会のフレームなのだ。売れない商品があったら、死に筋と決めつけてカットするのではなく、感性情報デザインが不適切なのではないかという目で見る。すると、そこに突如として売り上げ十八本が千二百本になる可能性が広がるのである。

## 感性工学をどうビジネスに活かすか

われわれビジネスパーソンが、感性に科学的に迫ろうという感性工学の取り組みを見るときも、同様の視点が大切だ。

感性工学会では感性を計測する取り組みも盛んに行われている。感性計測を専門とする研究部会があるほどだ。すると、ときにこういうことが問題となるそうだ。

「感性というのは計測が可能なのか」

要するに何ミリリットル、何センチのように完全に数値化して計測できるのか（専門的には絶対量を計測できるのか）という問いかけだ。

感性はそのように計測し切れるものではないだろう。では、感性の計測そのものが意味がないのではないかという議論になることもあると聞く。

われわれは、何のために計測し切れないものを計測しているのか。純粋に研究の立場からではなく、ビジネスの立場から言おう。

それはプロセスを扱うためである。

一章と二章でお話したことを思い出してほしい。われわれが仕事をしている社会は、変化が速く、単一の解を持たない社会だ。そこでは動いているものを動いているまま扱う態度が重要だ。そうでないと、感性のビジネス社会では通用しない。

そこで、そうした動きに活かすために計測するのである。

本章冒頭のヘアサロンの外観の研究知見は今日までの研究結果であり、そこで作られた外観のモデルデザインは、そのまま明日の解というわけにはいかないかもしれないし、そもそもそれが自社の解とは限らないが、今のお客さんの感性を切り取っていることは間違いない。

つまり、ビジネスパーソンにとって、解のヒントを提供してくれていることは間違いない。

動きながら考える、動きながら解をアウトプットする。そういった活動に活かすためのヒントをそのときそのときに得ることを目的としているのである。

そこからは単一の解、つまり「これさえ真似すればいいいんだ」という単純な答えが得られるわけではない。ヘアサロンの外観の研究結果があると知ったとき、「どんな入り口にすればいいんですか。そうしますから」というのは、今日の社会にそぐわないのである。

今日のヒントをつかんで思考し、明日の解をひねり出すために情報を得る。それがたとえば感性を計測し続けることの、ビジネス上の意味である。

明日の自分の仕事における解答をひねり出すために、今日の動いている世界を切り取った情報を知り、活用する。

とても重要な活動である。

**異様な出来事に目を向ける**

そういう活動スタンスからいえば、現象やデータを収集・分析する際に今後注目すべき点がある。

それは、異様な出来事に目を向けることだ。あまたの現象やデータの中から、異様な出来事や異常値を探すのだ。そして「どうして今日突然これが売れたのか」「どうしてこの店だけでこれが売れたのか」を考える。ここに可能性が潜んでいる。

工業社会のフレームではつい、今たくさん売れているものが売れるもの、今少ししか売れていないものは売れないものと見てしまいがちだ。データもつい量の多いほうに注目してしまう。

それはそれで注目に値するのだが、さらにもう一つ、異様な出来事である異常値を探すのだ。

なぜそんなことをする必要があるのだろう。

それは、そこから飛躍の種が見つかるからである。

私が主宰している会の情報誌では、こうした現象やデータをしばしば取り上げる。こんなことが起こったからといって、急に儲かったわけではないと本人が恐縮するようなこと。ささやかな、しかし重要な、注目すべきことを特に取り上げる。

それが飛躍のカギだからである。

そこで取り上げるそのささやかな情報には、ビジネスの数字を劇的に変えてしまう圧倒的なヒントが隠されているからである。その情報に着目し、なぜその出来事が起きたのか、どんなことが作用しているのか。それが仕事の現場で起きたことであれば、この人はどのような思考プロセスで、どのような解をひねり出したのか、という観点から解析する。だから、ものすごくささやかな事例も逃さない。

かの酒店もそうだ。もし彼がそういった点を見逃していたなら、あの銘柄の売り上げは毎年十八本にとどまっていただろう。

あなたは毎年十八本の売り上げだった商品が千二百本になったことを、どのように解釈しているだろうか。あの出来事は、本質的には売り上げが六十倍に伸びたということではない。正確に言えば、本当はそれまでも千二百本売れていたはずの売り上げを、その飛躍の可能性を、それまでは毎年見落としていたということなのである。

## いかに引き出しを増やすか

感性社会で現象やデータを活用する視点から、もう一つ重要なことを言っておこう。

それは、発想するためのリソース（資源）を増やすことである。

リソースをビジネスの観点からいえば、自分独自の解をひねり出すための引き出しのようなものだ。たとえばビジネスのアイデアを練るとき、他の人が考えたことや実行したことを自分の頭の中に資源としてたくさん持っていればいるほど、アイデアは豊富に生まれやすくなる。

リソースの増大は個々人にとってきわめて重要なことなのである。人はいつもアイデアがスラスラ浮かんでくるわけではないし、なかなか次の一手が思いつかないときもある。やることのすべてが当たるわけでもないし、うまくいかなかったり、壁にぶち当たるときや障害もしばしば出てくる。

ビジネスパーソンはその都度それを突破していかなければならない。その壁を突破するとき、どういう突破口を見つけるか、つまりは突破するどういう解が浮かぶかが問題だ。

そういったときに、たとえばたくさんの事例を知っていると、どの事例が使えるかを頭の中で検索し、有望な事例を引っ張り出して参考にできる。そしてそれを右から左へそっくりそのまま移植するのではなく、自分の仕事上で使えるようにアレンジしていく。これがリソースを活用する上手なやり方だ。

となれば、頭の中で検索エンジンが回り始めたときに、使えるデータベースが充実していることが重要だろう。つまり、自分の中にリソースが豊富にあると、それだけ次の一手や突破口が見出しやすいということである。そうしてまた実行策が豊富に思いつけば、それだけ豊富に手を打つこともでき、その結果がまたリソースとなり、好循環でリソースは増え続けることになるのである。

## 価値を伝達する

さて、これまで現象やデータをどう読むか、そしてリソースを増やすというインプット中心の話をしてきた。

ここからお話ししたいのは、そうして活かす材料をいろいろ得ながらいかにアウトプットするか、そこをどう磨くかということだ。

そこで私が提唱したいのは、感性情報デザイン上手になるための、自分の磨き方だ。この感性情報デザイン上手をわれわれは「感性情報デザインの匠」という。

そういうと、すごいことに挑まなければならない気がしてしまうだろうか。しかし実際に行うことは、さほど難しいことではない。

まずは自分が扱っている物事の、価値を伝達することだ。三章で取り上げた防水スプレー、高級な椅子などはこの好例である。

なかなかあんないいフレーズは浮かばないと感じるかもしれない。しかし「まずは価値を伝達する」ということは、今自分が関わっている仕事をよく眺めてみて、そこにある価値がちゃんと伝わるべき相手（お客さんや社内の人など）に伝わっているかをチェックしてみるところから始まる。

そして伝わっていなければ伝えようとしてみる、それが始まりだ。

その伝え方、つまりは感性情報デザインが上手いか下手かはさておいて、先ほどの防水スプレーや高級な椅子の例のような、いかにも上手なフレーズが思いつくかどうかもさておいて、まずは伝えようとすることだ。

特徴的な実例がある。法人に販促用ののぼりや旗などを納品している染物会社の話だ。

この会社では商品は受注生産だが、自社でどんなものができるのかをお客さんに改めて紹介しようと考え、のぼりやはっぴ、各種の旗や腕章など自社商品について列挙し、ＤＭにして既存顧客に送った。

列挙するにあたって少し工夫した。単に「のぼり」「腕章」と表記するのではなく、一言加えた。たとえば腕章には「防犯用に蛍光塗料を使用した腕章、タスキ、帽子等の製作始めました。地域・学校のパトロールに最適です」と情報を加え、のぼりには「のぼりの宣伝効果が高いこと御存知ですか？　潜在意識に残ります」と訴求した。

すると意外なほど反応があった。

たとえばある顧客は、ＤＭを送った直後、「先日わざわざ県外の業者を頼んだのだが、ここでできるのなら最初からここに頼むんだった」と、新たにのぼりを五十本オーダーした。またいつも大漁旗を依頼するある顧客はこのＤＭを手に握りしめ、のぼりと袢纏を十セットオーダーした。

顧客は自分が依頼した商品についてはここで買えることを知っているが、他の商品については作っていることすら知らなかったのだ。

同じようなことは、地元の飲食店などにおしぼりを納入しているある貸しおしぼり会社でもあった。

報告をくれたこの会社の二代目によると、作り直した自社商品のパンフレットが、前年比一二〇%という結果を生んだ。

大きく変えたのは、商品の紹介の仕方だった。

従来は扱っている商品をただ羅列しただけだったが、新しいパンフレットでは、先ほどの染物会社同様、一つひとつの商品に一言コメントを添えた。たとえば高級おしぼりには「上品なてざわり、心地よいボリューム感のあるおしぼり」。レンタル浄水器には「お米・コーヒー・お茶の味に差が出ます」。竹箸には「強い強度と油をはじく特性を持っている竹。中華料理・天ぷら料理店には最適です」。

また、商品のことだけでなく、業界最大級の異物除去装置を使っていることなど、これまで語っていなかった設備面もPRし、おしぼりの包装スタッフの集合写真も入れ、そこには真心を込めて包装を行っていると書き添えた。

もちろん、前年比一二〇%という成果はパンフレット作りに並行して行ってきた各種キャンペーンや社員の商品勉強会など、新たな取り組みの数々の相乗効果ではある。新パンフレットの冒頭にはおしぼりを折り紙のように使って動物を作る方法が図入りで解説されているご愛嬌もあるが、もちろんそれだけでは売り上げは伸びない。

これは、お客さんの価値につながる情報をきちんとデザインし直して発信したことの結果なのである。

あなたが営業でも開発でも、パンフレットの制作担当でもいい。こういう情報デザインをまず意識できること。そして、商品が売れなかったときに、それは感性情報デザインが上手くできていなかったからではないかという見方ができること。

それが感性情報デザインの匠になる第一歩なのである。

## 「外化」で成長する

そうしてとにかく、感性情報をアウトプットし続けることだ。

自分なりに「こうかも」と思えるPOPやDMを書いてみるとか、「こうかも」と思って商品構成をちょっと変えてみるとか、やり方はいくらでもある。とにかく考えただけで終わりにしないで頭の中で悶々としていないで、出してしまうのである。

アウトプットを積み重ねるだけでいい。どうかこの作業を自分の仕事でやってみてほしい。自分の中に漠然としてあるものを、整えて人に見せて評価を受ける。「評価を受ける」とは、売り上げにつながったかどうかをチェックしたり、文字通り受け手の反応の変化を見たり聞いたりすること。そうした評価を受ける前提で情報をデザインして外に出すことが重要だ。

そしてさらに、匠になるための強力な方法がある。

自分が仕事で試したことや、上手くいったことといかなかったことなどを、第三者に説明する、わかってもらうことを目的にまとめてみるのである。

このアウトプットは、あなたを飛躍的に伸ばすだろう。ここで言うアウトプットを、認知科学では「外化」という。

「外化」とは、頭の中で考えていることや、体験によって漠然と得たこと、理解したつもりになっていることなどを、他者に説明するために文字通り外に出すことだ。

具体的には文章にしたり、図に表現したりすることである。これが人の創造性を伸ばす効果的な方法とされ、脚光を浴びている。創造性豊かな人を育てるのに外化が効果的であることは専門の研究で検証もされている。

これについては、私には大いに思い当たることがある。前章で取り上げたクリーニング店の店主のことだ。

私自身の活動のことを語って恐縮だが、彼は私が主宰するビジネスパーソンの会の会員だ。この会には、実践した成果や失敗談などを事務局に投稿する制度がある。その目的の一つはここでいう外化により、会員が仕事で成果をあげられる力の短期向上を目指すためだ。投稿のモチベーションを高めようと、年間の投稿に対して賞を設け、年に一回の授賞式を東京・青山にあるジャズの殿堂「ブルーノート」を借り切って行ったりもする。

そこでそのクリーニング店主だが、彼はある年、その制度を活用して毎月報告をしようと決め、実際にそうした。つまり外化を毎月行ったことになる。その一年で彼は飛躍的に伸びた。人が変わったといっていいほどだった。

最近、本人もよくそのことを口にする。毎月の投稿を始めてから自分がどんどんと変わっていったと。

外化は、感性情報デザインの匠になることに大いに役に立つ。彼の急激な進歩を目の当たりにして、私はそれを再確認したのである。

## ときに立ち止まり、よく見る

ところで、こうして変化の速い社会の話をし、そこで自分を磨く方法について語っていくと、聞いているあなたはだんだんせわしい気持ちになっているかもしれない。今頭の中に、あれこれ忙しく動き回って、いろいろなことにチャレンジしている自分が浮かんでいるかもしれない。その結果をまた外化するとなると、いよいよ気ぜわしい気がしているかもしれない。

それはそれで違いないのだが、だからこそ大切なことに触れておきたい。それは、ときに立ち止まって、自分の周りの現象や自分自身をよく見てみることである。

確かに変化の速い社会ゆえに、何ヶ月も何年も立ち止まっている余裕はないかもしれない。たとえば、仕事の成果を限られた時間の中で上げねばならず、立ち止まっている余裕があるとは到底思えないかもしれない。しかし、そういう社会だからこそ、ほんの数時間でもいい、立ち止まってよく見ることも大切なのである。

私はその点恵まれているとよく感じることがある。ゆっくり立ち止まる余裕があるという意味ではない。私は講演などのスケジュールがホームページ上に公開されていることもあって、会う人会う人に、よくあのスケジュールがこなせますね、その上本を書いたり連載をしたりといつ寝ているんですか、とか、さらにはお体だけは大切してくださいね、と心配されたりもする。

恵まれているというのは、出張が多いことだ。もちろんこれは仕事なので、時間にさほど余裕があるわけではない。それでも知らない土地に講演で招かれたときなど、少しでも時間を作って知らない町を歩いてみる。そこでふと、地元の少し古びた喫茶店に入ってみたりする。ほんの三十分でもいい。そういうひとときが大切なのだ。

たとえば盛岡に招かれたときのことだ。幸い午後の数時間が空いていた。しかしこのときは、ある著書の校正の締め切りが近く、ぼんやりと街を歩いている場合ではなかった。それでも少しだけと思い、校正原稿を抱えて街を歩いてみた。すると、宮沢賢治ゆかりの場所にいまは静かなカフェがあるという。その店を訪ね、窓際の席に陣取り、しばしその空気にひたった。こういうひとときがいいのである。このときはそのまま長々と居座り校正もそこで行わせていただき、店には迷惑な客だったかもしれないが、私にとってはありがたかった。

またこういう理由で私はよく列車で移動する。目的地によっては、飛行機と比べると乗換えが少なく、結果的に同じような時間に着くこともある。そういう場合は、列車を選ぶこともある。スケジュールに余裕のないときは、車内でしゃかりきに原稿を書いていたりするのだが、ふと手を止めて車窓からの風景をぼんやり眺めてみることもできる。そんなときに、自分をよく見てみるのである。

そうすると、ふと、今まで見えていなかったものが見えることがある。ある新たな発想が湧いたり、新たな道がぽかっと開けたりすることもある。そうしたらまた、速やかに行動するのである。

別に見知らぬ町や列車でなくてもいい。私もそればかりではない。天気のいい日に近所の公園で青空を見上げ、ぼんやりするひとときでも十分だ。そういうひとときを、ぜひ持っていただくことをお勧めしたい。

## コンピューターはぶっ飛べない

さてここでもう一つ、感性情報デザインの上級テーマをお伝えしておこう。

感性情報デザインには〝飛躍〟が期待されているということだ。

お客さんの側からいえば意外性、デザインする側からいえば飛躍と呼ぶべきものである。自分が得た情報をもとに、誰でもアウトプットできるような情報をアウトプットしている段階では感性情報デザインの匠とはいえない。「なぜこの情報からこんな案が」というような飛躍があればこそ、お客さんは感動するのである。

そういう、なかなかひねり出せない解をひねり出せる人が匠である。

アマゾンドットコムというネット書店からは、ときおりセールスメールが来る。私の最近の買い物履歴から傾向を割り出し、「こんな本を買わないか」と薦めてくる。しかもそのセレクトがなかなかいい線いっている。ちょっとした飛躍もある。私がよく人文科学系の本を買うからといって、単純にそのジャンルの本ばかりを勧めてくるわけではない。思わず「ほう」というようなものも来る。あのデータ解析エンジンは世界最高のものの一つといわれるだけあって、感心させられる。

しかしそれは逆から見れば、このお薦めシステムの業務に限っていえば、そこには人がいなくてもいいということである。コンピューターがそこまでのレベルになってきた以上、「この人は哲学書をよく買うから哲学書を薦めてみよう」などという解では、仕事がなくなってしまう。

しかし、コンピューターはぶっ飛べない。飛躍の思考は人のものだ。

ぶっ飛んだ解をどれだけ出せるかが「人の仕事」のカギとなるのである。

三章の壊れた人形の例はまさにこの好例だろう。

「ショッカー幹部パーティーワインセット」という飛躍的な解をひねり出した人もすごい。おそらく相当飛躍した人だろう。もしかしたら社内で浮いているかもしれない。並の人にあの解は出せないからだ。私は拍手を送りたい。

## フレームを基盤に行動する

では、どうすれば飛躍的な思考ができるようになるのだろうか。

タネを明かせば実に地道ではあるが、難しいことや特別な才能は必要ない。なぜ断言できるかというと、私の知っている感性情報デザインの匠たちがそうだからである。

防水スプレー、高級な椅子、壊れた人形の例はそれぞれ別の人が行ったことだが、いずれの人も初めからあれができていたわけではない。

私の周りには、感性情報デザインの匠としかいいようがないレベルの人々がいる。よくそんなことを思いつくねと舌を巻くような解を次々と生み出すのだが、彼らはありふれたクリーニング店の店主だったり、便秘薬の営業担当だったりする。そんな人たちが感性情報デザインの匠になれたのはなぜか。

第一は、感性社会のフレームを持っているからだ。いつもそこから世界を見ているのである。もちろん、これも彼らとて最初からできていたわけではない。また最初のころは、ときどき工業社会のフレームに戻ってしまうこともある。しかし大切なことは、感性社会のフレームの存在を知っており、そこから世界を見ようと意識していることだ。

したがって、感性情報デザインの匠になる第一歩は、まずフレームを知ることだ。「知る」ということは尊いことで、そこからすべてが始まるのである。

そうして、情報の集め方やその受け取り方、さらには仕事への具体的な活かし方まで、感性社会のフレームで物事を見て、そのフレームからいろいろなふるまいをすることが大切だ。

そして、その基盤の上に立って重要なものは、行動量である。

フレームを持つという段階の次には、行動することが重要だ。

行動は経験である。感性社会における知恵には、経験からしか得られない知恵がある。そういった知恵の蓄積が、感性社会の仕事を決することになるだろう。したがってそれをもたらす経験量、すなわち行動量がものをいうのである。

こうした話をある大学院で話したとき、ある院生がこんな発言をした。彼は甲子園を目指していた元高校球児である。

「身をもって経験しないとだめというのは、教室の中での勉強が別に役に立たないという意味ではないでしょうが、バッティングセンターでバッティングをやっているようなものなのでしょうか」

聞くところによると、バッティングセンターでは、かなりの速球もわりとすぐに打てるようになるそうだ。そのとき、いわゆるわかったような気になる。自分は打てるという気になるのだが、いざ実際の試合で生きた球を目の前にすると、これがなかなか打てない。バッティングセンターで打てた球より速度はずっと遅くても、やはり打てない。本当に野球上手になろうと思ったら、試合を繰り返して実際の経験を積む必要があるのだと彼は言う。まさにその通りなのである。

体験を積んでいかないと身につかないタイプの知恵というのは確かに存在する。野球はもともと肉体と知恵がつながった競技だから、どれだけ野球理論を勉強しようと、一度もバットを振った経験のない人が、いきなり剛速球を投げられてヒットが打てることはまずありえない。そう考えるとわかりやすい例といっていい。

工業社会のビジネスでは、バッティングセンターでバッティングをするだけで通用したこともあったかもしれない。しかしこれからは、このたとえでいえば、いかに試合を通じて経験値を重ねていくかが決め手になるだろう。

## そしてあなたは匠になる

そして三段階目は、その行動量に基づいて知量が増えることである。

今お話してきたように行動を積み重ねれば、知量は自動的に増える。

そしてここが重要なのだが、そうして知量が増えていくと、あるとき劇的変化の臨界点に達したように、ある日突然、匠になるのである。

それは長いトンネルから出たら、突然目の前に碧い大海が広がっていたようなものだと、この段階を体験した匠たちはいう。すると、以前は見えなかったものが見えるようになる。目の前の結果からプロセスが見て取れるようにもなり、自分独自のアイデアがどんどん湧いてくるようにもなるのである。

以前、ある脳科学の先生と話していたときに、彼らの体験をどう解釈するか訊いたことがある。彼は、科学的には検証されていないが、いわゆる脳内回路の発達がある種のしきい値に達し、今まで使えなかった力が発動するのはありうることだという見解だった。

そうして、磨かれたビジネス脳は、自動的にあなたを匠の世界にいざなう。もっとも四章

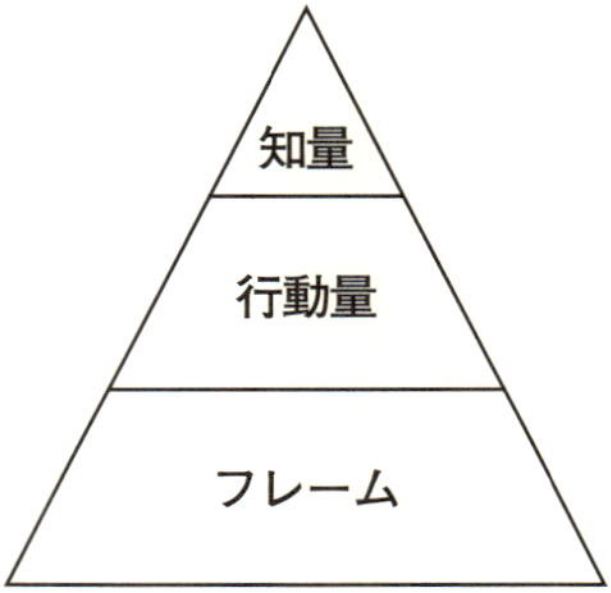


フレーム＞行動量＞知量

でお話したように、それがゴールということではない。しかしすでにその位置は、あなたがそれまでいた位置とはまったく異なる次元、感性社会がビジネスパーソンに求めてやまないものなのである。

私はすでにたくさんの匠を見てきた。そして彼らがある日突然、匠になる様を。だからこそ声を大にしてお勧めしたい。こうしてフレームを持ち、行動量を積み重ね、知量を増やしていくことを。

その段階と関係を図で示すと上のようになる。

感性社会における仕事力は、最終的にはこの知量が決するものだろう。そしてビジネスパーソンの仕事における格差は、ここで述べた、フレームの格差、行動量の格差、それに基づく結果として表れる知量の格差となるだろう。

そして大切なことをもう一度言おう。

感性社会で通用する知恵には、経験から身につけるしかない知恵があり、その蓄積の結果得られた知量がものをいう。

このことについて示唆に富んだ記述がある。画家であり詩人でありエッセイストであり、山をこよなく愛した辻まこと氏が雑誌『岳人』に寄せた文である。

理解することは容易だ。頭脳の働きだけで済むから。しかし山登りの本を百冊読んで、理解している識者より、登山をしつづけていながら山登りとは「何か」がさっぱり判らないでいる人達のほうが、山へ一緒に行く段になれば、ずっとたよりになるのである。

手足や耳目などの感覚器官は頭脳と等しく、自らの価値判断をもっている。ただそれは「論証」というものではない――それを持ちあげるのにどれ程の力が適当か、その距離を飛躍するには足の筋肉をどれ程用いたらいいか――そういったことは日常無意識のうちに実践の特殊性と変化に結びついて習練された結果の別の知性である。

『山からの言葉』

まさにそうなのだ。

ニュートンにはきっとここでいう「別の知性」が備わっていたことだろう。彼がリンゴからひらめきを得たのか、他説のようにトイレで得たのか真偽のほどは知らないが、確かにあの時代、彼は飛躍の思考で万有引力の法則を発見したのだから。

そうして今日も、誰の目の前にもリンゴは落ちている。

しかし〝結果の違い〟は常に、それをどう読み、どう使い、どう自分の知量を増やしているのかということと、分かちがたくつながっているのである。

第 六 章

# パリにも、江戸にも、きっとあった

## 自分を伸ばしてくれる場

## 古今東西にある学び舎

哲学が好きな人は、パリのカフェ・ド・フローラという名にピンとくるかもしれない。そこにはサルトルをはじめ、哲学者や画家などいろいろな人が集まり、日夜論議を戦わせたという。そうすることによって多くの偉人が生まれていった。パリにはこうした歴史的な役割を担ったカフェが今も数多くある。

日本でそのようなものを挙げれば、トキワ荘がそれに該当するだろう。手塚治虫、石ノ森章太郎、藤子不二雄といった、そうそうたる漫画家が共に若い時期を過ごした安アパートだ。ここで若かりし頃の彼らが何を語り合ったのか、想像するだけでもワクワクする。

実は、日本の江戸時代の教育を担っていた寺子屋もこういうものだったそうである。「こういうもの」というのは、世代を超えて学徒たちが集い、わいわいやっていたとのことだ。寺子屋というものは私立でお上の許可も必要なく、お上も直接関知しなかったようだ。寺子屋は読み書きに自信があれば身分に関係なく誰もが開業できたそうで、その特色は身分も性別も年齢も関係なく、さまざまな習熟レベルの人たちが共に集い、先に習熟している者は後に続くもののフォローをしながら学び続ける、わきあいあいとした学び舎だったそうだ。日本の歴史上数多くの偉人を輩出した江戸時代の私塾も同じような性質を持っていたことが、多くの文献からうかがえる。

この感性社会でビジネスの匠になるために、前章では自分で自分を磨く方法についてお話ししたが、この時代、それだけでは足りない。それでパリや江戸を章タイトルに掲げたのだが、ヒントは当時のパリにあり、江戸にある。カフェ・ド・フローラにあり、トキワ荘にあり、寺子屋にある。

それは、自分が飛躍的に進化を遂げられる「場」に参加することだ。

その場とは、「実践コミュニティ」と呼ばれるものである。

世の中が大きく変化して感性社会に突入したことは、すでに本書で再三触れた。消費という観点から見れば、過去にあまり存在しなかったタイプの消費行動が生まれ、それにしたがってビジネスのあり方も変わってきた。

こうした社会で通用するために、ビジネスパーソンが自分を磨く新しい学習方法がある。その一つは自分で自分を磨く方法で、前章でお話しした。

そこで、本章ではもう一つ決定的に重要なものをお伝えしよう。それが実践コミュニティという自分を飛躍的に伸ばしてくれる「場」に参加するという学習法である。

## ティーチングの限界

「学習科学」という研究分野がある。この世界で近年研究が進んでいることは、これからお話しするような新しい学習方法である。

こうした動きは、それらが単により効果的な学習法であるというだけではなく、現代が感性社会にシフトしたことと深いかかわりがある。

そのかかわりとは社会の変化とともに、教育法の主流であった「ティーチング」の限界が見えてきたことだ。ティーチングという旧来の学び方から新しい学び方が必要とされているのである。

ティーチングとは、いかに人に教えるかという方法論であり、教育の世界で長い間主流とされてきた。しかし社会の変化に伴って、ティーチングでカバーしうる分野がだんだんと狭くなり、それに代わって新たな学習の領域が広がりつつあるのだ。

ティーチングを端的に説明すると、知識を持った先生が、持たざる生徒にそれを教える教授法である。覚えて使うと有効な知識があり、それをまだ知らない人に教える。「1＋1＝2」「5＋5＝10」という知識を覚えれば、いつでもどこでも、誰がやっても5＋5＝10になる。これを教授することがティーチングの典型といっていい。

世にスクール形式といわれるように、机と椅子を並べた教室のような場でテキストや黒板などを用い、生徒がノートを取りながら学んでいく。ビジネスセミナーでもよくあるやり方だ。このような形式が長い間、教育スタイルの主流とされてきた。

では、なぜティーチングに限界が生じ、それが通用する領域が狭くなってきたのだろう。それは、社会が感性社会になり、予測不可能な社会になってきたからである。

ここで再度、第二章でお話した感性社会の特徴を思い出してほしい。

1――これをやれば必ずこうなるという決まりきった解答がなく、単一の解もない

2――今日の解は明日の解ではない

## 3――A社の解はB社の解ではない

こうしたビジネス環境は、私たちを常に未知の領域へ挑ませることとなる。また同時に、変化が速いことから、速いサイクルで未知に挑まなければならない。すでに実際、この社会で仕事をしているということは、日々速いサイクルで未知に挑んでいるということである。

こうした環境には、ティーチングがなじまないのである。

繰り返すが、ティーチングは知識を持った先生が、持たざる生徒にそれを教える教授法だ。しかも、ことビジネス社会でいえば、ティーチングできる知識とは、「これをやれば必ずこうなる」という類の知識である。たとえば生産ラインの合理化などはそれにあたるかもしれない。他にも会計の方法などティーチング可能な知識がまったく役に立たなくなったわけではもちろんないが、それだけでは今日のビジネス社会に足りなくなっていると感じないだろうか。

このような変化はビジネス現場にも現れている。

第二章でも触れたが、書籍編集者は教えたことをそのままやれば、みんながうまくいくということではなくなってきた。ティーチングが通用しなくなっているのだ。

これが事件記者になるとさらに厳しいという。そもそも、これさえやれば事件に詳しい関係者が話をしてくれる、これさえやればスクープが取れるという法則性や規則性がもとから存在せず、何のテキストもない世界だそうだ。十年目の記者も一年目の記者も、ヨーイドンで同じステージに立たなければならない。年端もいかない新人記者がスクープ級の特ダネを取ってきたり、十年選手が平凡なネタしか取れなかったりするケースが往々にしてある。

そういう意味では、事件記者がいかに特ダネをものにするかという分野は、ティーチングというものが最初から存在しなかった領域かもしれない。

いずれにしても、そうしてティーチングの領域がだんだん狭くなり、時代の要請とともに出てきたのが「コーチング」である。そしてまた、コーチングでも十分ではないとする状況から「ファシリテーション」という概念が登場した。コーチングやファシリテーションは近年、企業でも取り入れられ、広まりつつあるようだ。

いずれにせよ、いわゆるマニュアル化できない状況があらゆるビジネス現場に訪れているわけだが、こういった環境の中で強力に力を発揮するのが、「実践コミュニティという場への参加」という学び方である。

## 仲間とともに学ぶ

これは私がずっと実践研究している学習方法だ。同じことを達成したい人たちでありつつ、異分野のちょっと異質な人たちがまじっている集団に参加して、お互いに情報や意見を交換し合いながら学んでいくというタイプの学習方法である。

いわゆる異業種交流会とは違っていて、ここでのカギは「同じことを達成するために、学びつつ実践している人たち」が集まっている場であることにある。

そこで創造性の豊かな人が育つのはなぜだろうか。

ここには学習科学の分野でいう「創発的協働の場」があるからだ。

「創発」とは、いろいろな関連する要素の相互作用から新しいものが生まれること。「協働」とは同じ目的を持つ者同士が協力して学び合い、ときに支援し合い、創造のプロセスを共有することだ。

「創発的協働の場」がパワフルなのは、セミナーなどのティーチングの形式で学ぶのではなく、その場にいることがすでに学習プログラムになり、学びと目的の実現につながっている

からである。

これは新たな学習法として研究が進んでいる「ピア・ラーニング」の特徴も内包している。

ピア・ラーニングとは「ピア（peer：仲間）と協力して学ぶ（learn）方法」ということ。その特徴をあえて一言でいえば、「学習の過程を共有するということ」だ。
教師と生徒という従来のような一方通行で知識を教える関係ではなく、いってみれば教師アを構成する一員だ。もっとも教師にはそこを活性化する役割があるだろうし、ひとつ標へ収斂させる役割も担っているだろうが、既知の知識の伝達ではなく、過程の共有がピア・ラーニングの特徴だ。

こうした学び方のメリットはいくつもある。その一つは前章でお話ししたリソースが、短期間で飛躍的に増大することである。

場に参加する実践者たちにとっては、協働することにより、集団全体としてより豊かなリソースを持つことができ、限られた時間内で利用可能なリソースが増える。

ここでは特に、「限られた時間内で利用可能なリソースが増える」ことに着目したい。

たとえば、ひとつの課題に取り組むとき、自分一人では自分の中にあるリソースしか使えない。しかし、グループを作って仲間で取り組めば、使えるリソースは当然増える。

ビジネスの世界では限られた時間内に結果を出すことが求められる。いい解が出てくるまで何日も何十日も考えてはいられないこともしばしばある。月次の予算なら月内に、年間の収益なら年内に達成しなければならないので「限られた時間内で利用可能なリソース」が増えるのはきわめて重要なことである。

また社会の変化が速いので、前のリソースを活用した結果としての新しいリソースがどんどん増えていくことも求められる。こうしたリソースのスピーディーな更新も一人では限度がある。しかし集団なら可能なのである。

では、なぜこうした場ではリソースが増えやすいのだろう。

それは、この場に集まった個々の学習者はそれぞれ異なった文化背景や経験、知識を持っているからである。一人ひとりがもともと他の学習者にないリソースを持っているのだ。つまり、製薬メーカーの営業とレストランのフロアマネジャーと酒屋の店主とでは持っているリソースが異なるということだ。しかも日々実践現場に落とし込んでいることも異なるので、ここでもリソースは常に異なっていく。たとえば、そこにさらに私のような者が加わるとビジネス現場から得られるリソースはもちろん、学会や大学などからの研究知見や経産省などの政策立案側から得られる知見も加わり、さらにリソースは増大する。

こういった場の特色ゆえに、各自が持っているリソースを互いに提供し、共有することができれば、仲間が多く、多様なリソースがあればあるほど、場のリソースは飛躍的に増大するのである。

ただし、単にそこにリソースがただあるだけでは、なかなか活用されないこともある。ただあるだけでは個々のリソースもちゃんと理解されないかもしれない。

そこで、こういった場の別のメリットが活きてくる。それは、場に参加することでそこで自然と行われる仲間との対話の相互作用により、理解の深化がもたらされることである。

**対話のメリット**

仲間との対話は、互いの理解を深めたり、考え方を変容させたり、また新しいものを生み出したりする可能性がある。

また、他者を通して自分を見直し、自分の理解や考え方そのものの変容が促されたり、新しい考え方が生まれたりすることで変化が起きていく。これもまた実践コミュニティの大きなメリットなのである。

みんなで学び合う場においては、対話を通じて疑問やコメントが投げかけられる。意外な質問や誤解を受けることもままあるが、それに答えなければならない。そんなやり取りの中で、自分が全然着目していなかったところがパッと見える。つまり、相手を通して新たな学びを得ることが往々にしてあるのだ。自分一人の閉じた学びの中でこうした気づきはなかなか得られない。

また、この仲間との対話のメリットは、自分ではわかっていたつもりなのに、人に説明しているうちに、自分が何がわかっていなかったかに改めて気づくことにもある。

わかったつもり、というのは私も含めて誰にもよくあることだが、危険だ。しかも変化の速い感性社会にあっては、よしんばそれまでは本当にわかっていたとしても、その後変化が起こっているのだから。

その点、仲間たちとの対話の際にわかっているつもりだったことに気づくことは大きなメリットだろう。うまく説明できなかったり、予期せぬツッコミを受けたりして、自分が見落としていたものが見えたり、新しいアイデアを思いついたりもするだろう。

そもそも、人に話すことは前章でお話しした「外化」だ。それによって、混乱状態だった頭の中が整理されたりすることは、外化の特徴でもある。

また、外化によって自分の考えを話すことは、理解の深化につながる。仲間と語り合うことは活用できるリソースを聞けるだけでなく、話すことによって自分自身の理解が深まる効果もあるのである。

## たとえライバルであっても

婦人服売り場で悪戦苦闘していたころ、このような実践コミュニティがあれば私も入りたかった。あのころ私は毎月毎月、限られた時間内で予算を達成するよう要求されていた。そのために何をするべきか常に考えていた。誰も解答を持っておらず、やり方も教えてもらえない以上、自分で考えるしかなかった。「こういうことをやれば今月の売り上げが達成できるんじゃないか」と考えるリソースが増え、仲間との対話によって理解が深化し、わかっているつもりの危険も避けられれば、限られた時間内に課題を解決するのに大いに役立っただろう。

事件記者の場合、記事が出た後にはライバル誌の記者と食事をするなどの交流の場が少なからずあるそうだ。そのとき、なぜ情報が取れたか、取れなかったかという情報交換をしておくと、その後のリソースになることが多いという。取った情報の内容について詳しくは明かさないが、なぜ取れたか、なぜ取れなかったかのプロセスに関して、親しくなるとある程度詳しいレベルまで情報交換をする。まさにそれは、特ダネを取ることを実践するコミュニティと解釈できる。そこで語り合うことによって、お互いが、より特ダネを取れる記者に成長していく。リソースが増える、情報が増えると同時に、外化によって自分の中の知力も高まっていく。

こうした場作りは一つの社内でも成り立つ。同じ社員という共通項はあっても、それぞれ異なる気づきを持っているはずだからだ。それぞれの経験値も違う。それぞれの経験からそれぞれの気づきがあって、それぞれの情報の読み解き方がある。あるヒット商品を題材にしてみんなで語り合ったとしても、ヒットの要因については読み解き方が違うかもしれない。そういったものを出し合うこともまた実践コミュニティに近い。

こうした機会には、相手の情報ばかり聞こうとすることはよくないだろう。「よくない」というのは倫理的な問題ではなく、それだと学習効果としてもったいないということだ。入れる（インプット）・出す（アウトプット）の両輪が必要なのだ。

ライバル誌の記者や、業績を競っている同僚に成果をあげた経緯やコツのようなものを語ることは、何かマイナスのように感じるかもしれないが、実は外化の作業にほかならない。事件記者の世界ではさすがに本当の秘密のところは明かさないそうだ。それにしても、一定のラインでお互いに情報を出し合い、共有することがそれぞれの学びとなる。

それから、ここではまず自分も実践し、行動していることも大切だ。成果があがっているいないにかかわらず、まず自分が体験していないとリソースも活かせないし、外化もできない。こうした学びの基盤には体験があり、それを受発信することが知量をぐっと増やしていくのではないだろうか。そうすることで、変化の速い、先が読めないこの社会においても、当たる確率の高い解答を自分なりにひねり出す力がおのずとついてくる。

より積極的な言い方をすると、こんな難しい時代になったからそうするしかないのではなく、そういう学習の仕方が新しい時代に向いているのである。このような「場」の中に入って行くこと自体が、すでにきわめて強力な学びとなることに気づいてほしい。

これをある研究者たちは「状況に埋め込まれた（Situated）学習」と呼んでいる。状況そのものが学習プログラムになっていることを指す。これが、参加することそのものが学びになるということである。新しい社会に必要な学び方である。

ティーチングという旧来の「教育」でほとんどの用が足りた社会であれば、どのセミナーや研修に出たか、そこでどんな知識を覚えたかがポイントになるだろう。しかし感性社会においてはそれでは足りない。

現場で体験を重ねる意識を持ち、かつ、こういう機会に積極的に参加することが新しい社会に適した学び方ではないだろうか。そのプロセスを経て知量を底上げしていくことが大切なのである。

**思考のプロセスを普及させる**

さて、これまで「場」に参加することの重要性をお話ししてきた。

ここからは少し、もしあなたが仕事でそういう「場」を作らなければならないとしたら、どうするかについてお話ししておこう。メーカーが販売チャネル側と共にそういう場を作る場合を例にとる。

工業社会においては単一の解があった。単一の解とは、たとえばメーカーが販売店に対して「こういう販促物を使って、こう接客したら必ず売れますよ」という具体的な方法のようなものだ。

日本のメーカーと販売店にかつて広く行われてきた方法だが、昔は販売店に対して基本的にそういう一律支援をしたものである。販売方法をメーカーが社内で考えて、たとえば直営店で試して、よしこれだということになったら、マニュアル化して一律に「ヨーイドン」で渡す。全国の販売店はいわれた通りにやる、それで売り上げが上がったのである。

そういったメーカーの方からは今、この昔のやり方は良くなかったという反省をよく聞くが、私はそうは思わない。単一の解があった工業社会では、それが最も適切な支援の仕方だったのだ。

変化の速度が遅かったことも幸いした。「ヨーイ、ドン」時点ではなかなか動かなかった人が、みんながうまくいっているのを見て「うちもやってみるか」とようやく重い腰を上げても、変化が遅かったから間に合った。しかし、現在は違う。単一の解がない上に変化が速いため、当時の支援スタイルは通用しなくなってきたのだ。

では、今日にフィットしたやり方は何かというと、私がお勧めしたいのは動きの速い、意欲の旺盛な人たちを集めて先にモデルを創ることである。最初にその小集団によって、後に続く人々が真似られるモデルを創ってしまうのである。

今あえて「真似」という表現を使ったが、感性社会なのでそれをそっくりそのまま真似ることはできない。しかしともかく、そうして真似られるモデルを創る。参考となるサンプルと言い換えてもいい。それを創って、だんだんと普及させていく。もちろん普及の最中にモデルもどんどん変化していくのだが、これを同時並行で行うのである。

ここで気をつけておきたいことは、普及させるものもまた、工業社会のものではないということだ。わかりやすくいえば、こんなツールを使えとか、接客の言葉はこうしろとか、そういう「結果」を普及させることはしない。

普及させるものは「思考プロセス」である。

「このツールはこう考えて作ったもの」「このような結果がなぜ出たか」という思考プロセ

スを公開し、普及させていく。そうするとその場の参加者は、他の人の事例を自分の感性で読み取り、自分に適した形で仕事に導入できる。モデルの活用はかくあるべきだろう。

こうしたやり方は、私も長年仕事で行っているが、実際に普及する。そうした「場」の参加者は参加者なりのアレンジを加えて導入し、彼らそれぞれの成果をあげていくようになっていくのである。

## すべての根っこは「道」

こうした活動も感性社会のビジネスでは大切になる。社員数の多い企業内や多数の販売店と関わるメーカーのような立場、チェーン店などでは特に重要だ。

繰り返すが、そこで普及させるのはツールやテクニックではなく、思考プロセスだ。思考プロセスは外から見えない。外から見えるのは、たとえば第一章の冒頭の話のように思考した結果のＰＯＰだけだ。まったく同じものを作るだけで誰でも同じ成果が出るというものは、すぐコピーされる。それで他社もおおよそうまくいく。しかし思考プロセスはコピーできないから、真似されることはないし、独自の競争力、イニシアチブになる。またそうして、実践コミュニティの中の知量が高まり、中身が更新され続けていけば、後発組はなかなか追いつくことが難しい。こうした競争力やよりどころを高めていけば高めていくほど、仕事はなくならないだろう。

思考プロセスのような目に見えないものがうまく普及していくものだろうかと、疑問もあるかもしれない。

もちろん容易ではない。そっくり同じツールをコピーして使えば通用した昔に比べれば、時間も手間もはるかにかかる。しかし普及はできる。自信を持ってもらいたい。私自身も実際に普及させてきたからそう断言するのだが、それよりもっと長い年月にわたって同じように普及されてきたものがある。私の普及への信念のよりどころもそこにある。

それは、武道や芸事である。

華道も茶道も武道も、長い年月を耐えて姿を変えながら伝道され続けている。だからこういったものも普及、伝道は可能だと考えている。

そう考えてみると、やはり普及させるものの根っこは「道」であることに気づく。

かつてロサンゼルス五輪で金メダルを獲った柔道の山下泰裕さんとお食事させていただいたとき、印象的な話を聞いたことがある。それまで大学に籍をおいていた彼が、次のステップに踏み出そうとしていたころのエピソードだ。

彼はこう言った。

「私は世界に柔道を広めることに決めました」

私は最初意味がつかめず、思わず聞き返した。

「柔道なら、もう世界的な競技になっているじゃないですか」

すると彼はこう答えたのである。

「いえ、柔道としてはまだまだ十分ではありません。私が広めたいのは柔道なんです」

彼が思い描くものは道《ドウ》だったのであろう。

いかに試合に勝つか、いかにポイントを稼ぐか、そういったレベルを超越した柔道を広めたいと。それは道でなければならないのだ。

感性社会のビジネスパーソンがこれから広げようとしているのもまた「道」である。そこではもちろん術も大切になる。武道なら相手の急所をどう突けば倒れるか、華道なら花の生け方、茶道ならお茶の点て方、そういう術は大切なのだが、それがメインではない。術の奥底にある魂といったものを一緒に普及させていくことこそが、道が普及するということだからである。


では、そうして道を普及させていった先のあなたには、何が待っているのだろうか。

私は、本書でご紹介した人たちを含め、仕事を通じて道を普及させている人たちを数多く知っているが、彼らに共通するものがある。

それは仕事に喜びを感じているということだ。

彼らの仕事はやりがいに満ちている。

彼らの姿を生で見て、語る言葉を聞いたとき、多くの人は感想をこう語る。

「自分の仕事を語るときの表情が違うね」

ずっとお話してきたような先行きの読めない不透明な社会で、常に考え、行動し、場に参加し、感性情報デザインを通じて、お客さんの感性をつかむ。そうして自分を磨き続ける。それは決して楽なことではないだろう。そして実際に楽なことではない。私が知る人たちも、よく訊かれるそうだ。よくそんなことが続けられますね、どうすればそこまでできるんですか、と。しかし彼らにとっては、そこにシンプルな答えがある。

楽しいからやるのである。


感性社会では、「仕事」はこうして「遊び」になる。

まさにかつて、いまや世界的企業であるＧＥ（ゼネラル・エレクトリック社）の創業者でもある、かのエジソンはこんな言葉を遺した。

「やりたいことを見つけなさい。そうすればあなたは明日から働かなくていい」

あれはこういうことだったのではないだろうか。

## エピローグ――潜水服は蝶の夢を見る。ではあなたは？

潜水服は蝶の夢を見る――これはいかにも本書の各章のタイトルっぽいが、実はある本のタイトルである。

著者はフランスの世界的に著名なファッション雑誌『ＥＬＬＥ』の元編集長ジャン＝ドミニック・ボービー。出版されるやいなや、本国フランスのみならず、世界的なベストセラーとなった作品だ。

そういうとビジネスの第一線でバリバリに活躍する著者が颯爽と著した本のように聞こえるが、この本を執筆したとき彼はずっと病院にいた。脳卒中で倒れて一命をとりとめた後、意識や記憶はまったく正常だが身体的機能をすべて失っている、ロックトイン・シンドロームという状態となっていたのだった。

そんな彼がどうやって本を書いたのか。彼にとって唯一動かせるものは左目のまぶただけだった。そのまばたきで本を書いたのである。

相手に使用頻度順に並べられたアルファベットを一文字ずつ読み上げてもらい、表したい文字のところでまばたきをする。「i」と書きたいのなら、相手が読み上げて「i」のところに来たらまばたき。それを記録する。次に「a」と書きたいのならまた初めから読み上げてもらい、「a」のところでまばたき。それをまた記録していくのである。その気が遠くなるようなことをおよそ二十万回も繰り返して書き上げたのがこの本だ。

題名の「潜水服」とは自由を奪われた自分の身体、「蝶」とはしかし創造力一つでどこにでもいける自分の心を象徴した文中の言葉からとられている。

この本にはこういうくだりがある。

僕は、時も場所も超えて、蝶々の姿のまま飛んでいく。南米の島ティエラ・デル・フエゴへも、ギリシャ神話のミダス王の宮殿へも。

そしてその蝶はある日、私のところにも飛んできた。

私は初めてこの本とその背景の物語に触れたとき、強い衝撃を受けた。

私には、今は亡き父が同じような境遇にあったこともあり、この物語が圧倒的なリアリティで迫ってきた。そしてそれゆえに一層、彼の心の力、人の創造力の可能性の前にふるえたのだ。

そしてこの「ふるえ」を原動力の一つとして、今あなたが読んでいるこの本も執筆された。きっと世界のいたるところで、同じような「ふるえ」を原動力に何かがなされ、今もなされ続けていることだろう。

とすればジャン＝ドミニック・ボービーは、創造力とまばたきだけで世界を変えたのである。

本書のキーワード「感性情報デザイン」もまさに心の力であり、人の創造力の産物である。そこにも大きな可能性が横たわっている。

本書では、すでに到来した感性社会にあって「通用するビジネス脳を磨く」ことをお話してきた。

第一章では、すべての元となるフレームの存在と感性社会の到来について述べ、第二章では、その特徴とプロセス思考を見て取る重要性についてお話した。第三章では、最重要なキーワード「感性情報デザイン」について、第四章では、こういう社会にあって仕事をしていくときに、「変わるべきもの」と「変わってはいけないもの」について語った。また第五章では、自分でできる自分を磨く方法を、第六章では、こういう時代に合った、自分を飛躍的に伸ばす新たな学びの方法についてお伝えした。

第五章でも触れたことだが、すべては「知る」ところから始まる。そういう意味では、あなたもすでに始まっている。

あとは動き出すだけである。

しかし動き出すことへの不安もあろう。そんなとき私はこの一文を思い出す。

第五章で紹介した辻まこと氏の文章の終わりには、実は次の一文が続いている。

不安についての保険がきまったから一歩を踏みだすのではなく、一歩を踏みだす「勘」があったから不安を希望に変えることができるのだとおもう。

あなたが日々の仕事を通じて、少し変だな、なんだか今までと違っているなと感じていたら安心してほしい。あなたは時代の風を感じている。

世界は変わりつつある。それに連動した現象はすでにそこここで起き、それに呼応した動きはそこここで始まっている。

もしあなたが少し動いてみようかと今感じているのなら、想像してほしい、同じように感じている人がすでにたくさんいて、それぞれがそれぞれの場所で、動き始めているその姿を。

そしてそういう人たちは、そこここでつながり始めている。

あなたがいまどこにいようとも、あなたはすでに一人ではないのである。

潜水服は蝶の夢を見る——創造力とまばたきだけで世界を変えられるなら、われわれにはいったい、どんなワクワクすることができるだろうか。

二〇〇八年四月

小阪裕司

## 参考文献

『こころの情報学』　西垣　通　ちくま新書
「コグニティヴ・ホイール　人工知能におけるフレーム問題」（ダニエル・デネット　『現代思想』一五巻五号、一九八七年）
『夢の消費革命』　ロザリンド・H・ウィリアムズ　工作舎
『デパートを発明した夫婦』　鹿島　茂　講談社現代新書
『利他性の経済学』　舘岡康雄　新曜社
『情報社会を読む』　フランク・ウェブスター　青土社
『声の文化と文字の文化』　W―J・オング　藤原書店
『出現する未来』　ピーター・センゲ他　講談社
『感性システムのフレームワークと感性工学の展望』　椎塚久雄　日本感性工学会研究論文集
『感性価値創造イニシアティブ』　経済産業省編　財団法人経済産業調査会

『山からの言葉』　辻まこと　平凡社
『江戸の教育力』　高橋　敏　ちくま新書
『ピア・ラーニング入門―創造的な学びのデザインのために』　池田玲子　舘岡洋子　ひつじ書房
『潜水服は蝶の夢を見る』　ジャン＝ドミニック・ボービー　講談社

**小阪裕司**　こさか・ゆうじ

オラクルひと・しくみ研究所代表。日本感性工学会理事。静岡大学客員教授。山口大学人文学部卒。一九九二年、オラクル設立。「感性」と「行動」を軸にしたビジネスマネジメント理論と実践法を研究・開発している。二〇〇〇年からは、それらを現場で活用するビジネス人の会を主宰。全国で講演も行う。著書に『「感性」のマーケティング』（PHP研究所）、『招客招福の法則2』（日本経済新聞出版社）など多数。

URL http://www.kosakayuji.com/

日経プレミアシリーズ｜006

# ビジネス脳《のう》を磨《みが》く

二〇〇八年五月八日　一刷

著者　小阪裕司

発行者　羽土　力

発行所　日本経済新聞出版社
http://www.nikkeibook.com/
東京都千代田区大手町一―九―五　〒一〇〇―八〇六六
電話（〇三）三二七〇―〇二五一

装幀　ベターデイズ

印刷・製本　凸版印刷株式会社



ISBN 978-4-532-26006-4　Printed in Japan

読後のご感想をホームページにお寄せください。
http://www.nikkeibook.com/bookdirect/kansou.html

日経プレミアシリーズ 003

## 吾々は猫である

飯窪敏彦

わがままで頑固、群れていても自由、いつでもどこでもマイペース。苦沙弥先生の家の「吾輩」が誕生してから百年と少し、今でも猫族は知らん顔で人間社会を観察しているのかも？　街角の、自宅の、海の向こうの猫たちを撮り続けてきた著者が、愛すべき隣人たちの表情を、文と写真で猫好きのもとに届けます。

日経プレミアシリーズ 004

## 日本をダメにした10の裁判

チームJ

若者はなぜ正社員になれないのか、どうして向井亜紀さんは母親と認められなかったのか、政治と企業が癒着し続ける理由とは……。日本の社会に、政治・経済に、そして正義に歪みをもたらす裁判の数々。その問題点に明快な論理で鋭く迫る。

日経プレミアシリーズ005

# バカ社長論

山田咲道

電気代節約で赤字が増えた、デキる社員に仕事を振ったら売上が減った……。会社の不調の原因は、いつだって社長や管理職のデタラメな判断・行動にある。会計士の視点から、会社が犯しがちな間違いを挙げ、「こうすれば、もうかる」シンプルな理論を説く。